초등학생이
가장 궁금해하는
스마트
요리과학
이야기 30

초등학생이 가장 궁금해하는
스마트 요리과학 이야기 30

2017년 7월 30일 초판 1쇄 발행

지은이 | 노하선
요리 사진 | 노하선
그린이 | 김정덕
펴낸이 | 한승수
마케팅 | 안치환
편집 | 정내현, 조예원
디자인 | 우디

펴낸곳 | 하늘을나는교실
등록 | 제395-2009-000086호
전화 | 02-338-0084
팩스 | 02-338-0087
E-mail | hvline@naver.com

copyright ⓒ 노하선, 김정덕 2017

ISBN 978-89-94757-41-4(64400)
     978-89-963187-0-5(세트)

✽ 책값은 뒤표지에 있습니다.
✽ 잘못된 책은 구입처나 본사에서 바꾸어 드립니다.

어린이제품안전특별법에 의한 제품 표시

제조자명 하늘을나는교실(문예춘추사) | **제조년월** 2017년 7월 | **제조국** 대한민국 | **사용 연령** 8세 이상 어린이 제품
주소 및 연락처 서울시 마포구 동교로27길 53 지남빌딩 309호

초등학생이
가장 궁금해하는
스마트
요리과학
이야기 **30**

글 노하선 · 그림 김정덕

■부모님에게 드리는 글■

요리로 4차 산업 혁명을 대비한다고요?

　불과 이삼 년 전만 해도 일찌감치 장래 직업을 정하고 그에 걸맞는 교육을 받는 것이 미덕으로 여겨지기도 했습니다. 더 높은 전문성을 요구하는 사회 분위기에서 조금이라도 빨리 진로를 정하고 그에 대비하는 것은 어쩌면 당연한 일입니다. 그런데 그것만으로 아이들의 안정적인 미래를 보장할 수 있을까요?

　만약 어려서 정한 장래 직업이 성인이 되었을 때 사라져 버린다면 무엇을 해야 할까요? 초중고 내내 축구만 해온 선수가 성인이 되었을 때 프로 구단에 입단하지 못한 것처럼 말이죠.

　전문가들은 4차 산업 혁명으로 인해 지금 초등학생인 어린이들이 성인이 되어 직업을 찾을 때인 10년 후쯤에는, 현재 있는 직업의 80퍼센트가 사라진다고 합니다. 그 가운데는 현재와는 아주 다른 형태로 변한 직업도 있고, 새로 생겨나는 직업도 있을 것이며, 그야말로 지우개로 지우듯이 직업 현장에서 흔적도 없이 사라지는 직업도 있겠죠.

　어느 쪽이든 미리 직업을 정하고 준비한 것만으로는 10년 뒤 변할 직업 지도에서 자신의 길을 찾기 어렵습니다. 왜냐하면 혁명이라는 말에서 알 수 있듯이 미래 세상은 지금은 예측조차 할 수 없을 정도로 완전히 다른 모습일 터이기 때문입니다.

　때문에 유럽의 교육 선진국에서는 이미 오래전부터 장래 직업에 대한 교육보다 창의력을 키우는 교육으로 무게 중심을 옮겨 가고 있습니다. 어린이들이 어른이 되어 살아갈 세상을 섣불리 예측하여 혼란을 주기보다는 어떤 변화에 맞닥뜨리더라도 헤쳐 나갈 수 있는 생각의 힘을 주는 게 중요하기 때문입니다.

　그렇다면 창의력은 어떻게 길러 줄 수 있을까요? 창의력의 기본은 부정에 있습니다. '그렇지 않다.'고 생각하고 말하는 것이지요. 세상의 어떤 모습에 대한 대다수 또는 기존

의 생각과 다른 시선이 창의력의 바탕을 이룹니다. 그러나 무조건 아니라고 부정하는 것이 창의력은 아닙니다. 그것은 투정이나 심술이지요. 창의력을 위한 부정은 세상의 다양한 현상에 대한 이해가 바탕이 되어야 합니다. 그리고 그 이해는 충분히 검증된 배경 지식에 의해 가능합니다.

과학사에서 가장 놀라운 창의력의 결과 가운데 하나로 꼽히는 뉴턴의 만유인력의 법칙 역시 앞선 과학자들의 성과라는 과학적 배경 지식이 있어서 가능했습니다. 땅에서 일어나는 운동 법칙을 연구한 갈릴레이와 하늘에서 일어나는 운동 법칙을 연구한 케플러의 과학적 성과. 이 둘을 바탕으로 땅과 하늘에 즉 지구와 우주의 운동 법칙인 만유인력의 법칙을 발견했거든요. 떨어지는 사과를 보고 문득 그냥 머리에 만유인력의 법칙이 떠오른 건 아니란 말이지요.

이렇듯 배경 지식은 창의력이 높이 뛰어오르기 위한 구름판과 같습니다. 그러나 여태껏 교육에서 그래 왔듯이 지식을 달달 외우면 창의력이 생길까요? 당연히 그렇지 않습니다. 그것은 마치 음식을 잔뜩 먹으면 체력이 마구 좋아지리라는 생각과 같습니다. 섭취한 영양분이 소화 흡수를 통해 근육과 뼈와 혈관을 포함한 각 기관에 스며들어야만 비로소 뛰어오를 체력이 됩니다.

이렇듯 지식도 암기가 아니라 이해라는 소화 흡수 과정을 통해서만 창의력을 발휘하는 데 힘을 쓸 수 있습니다. 여기서 가장 좋은 이해는 오감으로 경험하는 것 즉, 눈으로 보고, 코로 냄새 맡고, 귀로 듣고, 손으로 만져 보고, 그리고 무엇보다 입으로 맛보는 것입니다.

그렇다면 과학 원리를 경험을 통해 이해할 수 있는 곳은 어디일까요? 그곳은 멀리 있지 않습니다. 바로 부엌이지요. 부엌이야말로 거의 모든 과학 현상이 벌어지는 최고의 실험실입니다.

부엌에서 벌어지는 과학 현상을 예로 들어 보겠습니다. 앞서 뉴턴의 만유인력의 법칙에 대해서 얘기했습니다. 그것을 바로 부엌에서 볼 수 있습니다.

비빔국수를 만들려면 삶아서 헹군 국수의 물을 빼기 위해 체에 받쳐 두지요? 그럼 물이 빠지는 걸 볼 수 있습니다. 국수에 묻은 물을 아래서 잡아당겨서 체 밖으로 잡아 빼는

힘, 그것이 바로 지구가 지구 위에 있는 물체를 당기는 만유인력 즉 중력이지요(정확히 말해서 중력은 지구의 만유인력과 원심력을 더한 것이지만 이해하기 쉽게 지구의 만유인력을 중력이라고 하기도 합니다). 또 참기름이 조금밖에 남지 않은 병을 거꾸로 세워두면 참기름이 아래로 흘러내려 병 입구에 고입니다. 이것 역시 중력이 참기름을 아래로 당겨서 일어나는 현상이지요.

이 책에는 중력 외에도 원자, 분자, 이온, 전하, 정전기, 밀도, 기화, 압력, 관성, 원심력, 마찰력, 용해, 끓는점, 어는점, 물질의 상태 변화, 전도, 대류, 복사, 삼투압, 산과 염기, 효소, 미생물 등등 초중고 교과 과정에 나오는 거의 모든 과학 현상을 요리를 하면서 경험하게 해줍니다.

요리를 하면서 나타나는 여러 현상을 통해 깨달은 과학 원리는 어린이들이 만나는 세상을 이해하는 토대가 될 것이고 그를 통해 창의적으로 생각하는 힘이 길러집니다.

그리고 아주 중요한 것 하나. 만들 요리에 따라 재료를 고르고 다듬어서 마침내 완성된 음식을 만드는 것은 첨단 과학이 동원된 스마트폰을 만드는 것과 크게 다르지 않습니다. 식재료를 섞어 요리를 만드는 것이나 부품을 조립해 스마트폰을 만드는 것이나 계획과 선택과 조합이라는 동일한 과정을 거치기 때문이지요. 선택한 요리 종류에 맞춰 식재료를 고르고 음식으로 완성하는 과정을 경험해 본 아이는 원하는 결과를 얻기 위해 무엇을 어떻게 준비해야 하는 줄 알게 됩니다.

이런 경험은 아이가 어른이 되었을 때 더욱 중요한 역할을 합니다. 미래 사회는 지금보다 훨씬 더 많은 정보와 기술이 넘쳐날 거예요. 그 속에서 세상에 필요한 것을 상상해내고, 그것에 필요한 재료를 선택하고, 가장 효율적인 과정을 계획하고 진행해서 마침내 원하는 결과물을 만들어낼 수 있는 창의력. 이것이 다른 어느 시대보다 필요한 지금입니다.

■〈스마트 요리과학〉 사용 설명서■

이 책의 구성

이 책은 30장으로 구성되어 있습니다. 각 장에는 초중고 교과서에서 다루는 30가지 과학 원리가 실려 있습니다. 또 각 장은 다음과 같은 세 가지 부분으로 구성되어 있습니다.

1) 만화

주인공 시루와 누룽지초등학교 요리과학반 아이들이 겪는 사건들을 통해 아이가 과학 원리를 쉽고 재미있게 접할 수 있도록 해줍니다.

2) 엄마와 함께하는 쿠킹 타임

과학 원리가 숨어 있는 요리의 조리법을 보며 아이와 요리하는 페이지입니다. 과학 원리가 등장하는 조리 단계에는 '사이언스 쿠킹 포인트'라는 장치를 두어 스스로 또는 부모님과 함께 질문하고 생각할 수 있게 하였습니다.

3) 선생님이 들려준 재미있는 요리과학 이야기

해당 과학 원리를 깊이 있게 이해할 수 있도록 하는 페이지입니다. 과학 원리의 개념뿐만 아니라 과학 원리가 실생활에서 응용된 예, 음식에 관련된 정보 등 다양한 이야기를 다루어 폭넓게 생각할 수 있도록 하였습니다.

* 그 외

책의 앞부분에는, 〈미리 맛보기 – 음식 컬러링〉이 있습니다. 말 그대로 선으로 이루어진 그림에 채색을 하는 페이지입니다. 본문에서 다룰 주제를 재미있게 색칠하며 미리 체험해 볼 수 있습니다.

이 책의 활용

공부에 대한 욕심으로 흥미를 잃는 일이 없도록 해주세요.

이 책은 과학 원리를 학습하기 위해 만든 책이 아닙니다. 만화를 재미있게 읽고 맛있는 음식을 만들고 즐기는 책입니다. 단, 요리를 하면서 '사이언스 쿠킹 타임'에 나오는 질문을 함께하다, 아이의 호기심이 발동하면 그때서야 뒤에 나오는 정보 부분을 읽게 해주세요. 과학 원리에 대해 깨닫지 못해도 괜찮아요. 요리 과정에 나오는 현상에 대한 호기심만으로도 아이의 창의력은 자라날 거예요.

요리의 모든 과정에 아이가 함께하게 해주세요.

요리에 숨은 과학 원리를 제대로 깨닫기 위해서는 아이가 직접 요리를 하여야 합니다. 그래야만 과학 현상에 대해 스스로 흥미를 느낄 수 있거든요.

그러나 아이가 직접 요리하게끔 하는 건 정말로 걱정스러운 일입니다. 요리를 하기 위해서는 날카로운 칼과 뜨거운 불을 사용해야 하기 때문이지요. 그렇다고 요리는 엄마가 하고 아이는 보고 있게만 한다면 텔레비전의 요리 프로그램을 보는 것과 다를 바가 없지요. 직접 몸으로 체험하는 게 아니란 겁니다.

세상 모든 곳에는 다 위험이 도사리고 있습니다. 거리를 달리는 자동차, 철근과 벽돌이 널려진 공사장, 바닥에 깔린 유리조각, 모서리가 날카로운 계단 등등. 그렇다고 아이를 학교에 보내지 않는 부모님은 없을 거예요. 다만 조심하라고 당부하고 또 당부하죠.

요리도 마찬가지예요. 다치지 않도록 조심한다면 크게 위험하지 않습니다. 오히려 도구를 다룰 때 집중함으로써 주의력을 키우는 데 도움이 되죠. 이렇게 주의력이 늘어나면 아이가 부엌에서뿐만 아니라 거리나 학교나 놀이터 등에서도 위험한 상황에 잘 대처할 수 있게 됩니다.

그래도 걱정이 되신다면 칼끝이 둥글고 칼날이 톱니로 된 어린이용 칼을 쓰게 하세요. 칼 대신 공작용 가위로 파나 고추, 어묵 같은 식재료를 자르게 해도 좋아요. 중요한 건 아이가 직접 재료를 만지고 다루며 요리에 직접 참여하는 겁니다. 불을 사용할 때는 반드시 부모님과 함께하고요. 그리고 불이나 칼을 다룰 때, '뜨거운 것 조심!', '날카로운 것 조심!' 이라고 소리 내어 말하게 하면 주의를 환기시킬 수 있어요.

장을 볼 때 꼭 아이와 함께하세요.

장보기 전 오늘 만들 요리에 대해 이야기하고 필요한 재료를 아이가 적게 해주세요. 시장에서는 가격과 신선도, 그리고 필요한 수량 등을 아이와 함께 요모조모 따지며 선택해 주세요. 물건을 거의 다 구입했을 무렵, "사야 할 것 중 빠진 게 있니?" 하고 구입 목록을 아이가 확인하게 해주세요.

요리의 전 단계인 장보기에서도 아이는 많은 것을 배울 수 있어요. 물고기의 종류와 사는 곳, 식물의 형태와 구조 등 생물에 대한 공부

를 할 수 있고, 물건을 사고파는 경제 현장에서 가치와 교환에 대해 알 수도 있어요. 그리고 꼭 필요한 물건을 좋은 상태와 적절한 가격인지 꼼꼼히 생각하고 선택하는 과정을 통해 올바른 경제 관념을 심어줄 수도 있지요.

뒷정리도 함께하도록 해주세요.

식재료를 만지고 다듬는 행위 자체가 아이에겐 소중한 체험이 됩니다. 식재료 외에도 자기가 어지르고 더럽힌 도구들을 만지게 해주세요. 뒷정리 말이에요. 자기가 벌인 일은 자기가 정리함으로써 책임감 있는 어린이가 될 수 있습니다. 좋은 것, 재미있는 것만 하고 싫은 건 안하게 하면 이기적이고 무책임한 성품을 갖게 될 거예요. 자기가 안하면 결국 엄마나 아빠가 나머지 뒤처리를 다 해야 한다는 걸 꼭 일러 주세요. 그것은 타인의 입장을 이해하는 첫걸음입니다. 똑똑하지만 자기만 아는 아이는 결국 제대로 된 인간관계를 맺기 어렵지요. 조금이라도 치우는 일에 동참하게 해주세요.

■어린이에게 드리는 글■

귤만 까먹을 줄 알아도 반은 요리사

"요리과학이라니? 또 과학이야? 헐~!" 하며 지레 머리를 쥐어뜯고 있나요?

이 책은 요리를 통해 어려운 과학 원리를 쉽게 깨달을 수 있게 만들었어요. 그러나 과학이 부담스러우면 접어 두어도 좋아요. 그냥 맛있는 음식을 만들어 먹는 책이라고만 생각하세요.

요리도 어려워서 못하겠다고요? 요리는 어렵지 않아요. 여러분은 이미 요리를 하고 있으니까요.

과일의 껍질을 벗겨 먹거나 뜨거운 물을 컵라면에 부어 먹은 경험이 있을 거예요. 그것도 모두 요리의 하나거든요. 그게 무슨 요리냐고요?

요리란 식재료에서 못 먹는 부분은 버리고 먹을 수 있는 부분은 맛있고 소화가 잘 되는 상태로 만드는 것이거든요.

그러니 과일에서 먼지나 농약 성분이 묻은 껍질을 벗기는 것이나, 마르고 딱딱한 면을 뜨거운 물로 익혀 맛도 있고 소화도 잘되는 상태로 만드는 것 모두 요리라고 할 수 있지요.

그 정도 솜씨만 있으면 조금 더 그럴 듯한 요리도 가능해요. 먼저 귤껍질을 벗기고 하나하나 떼어내요. 끓는 물에는 감자와 달걀을 넣고 삶아서 껍질을 벗긴 뒤 먹기 좋은 크기로 잘라요. 그리고 그릇에 담고 마요네즈를 섞어요. 별로 어렵지도 않았는데, 맛있는 샐러드가 두둥~! 어때요, 쉽죠?

그럼 내친김에 조금 더 근사하게 만들어 볼까요? 집에 있는 땅콩이나 건포도를 넣어 보아요. 과자가 있으면 부숴서 샐러드 위에 솔솔 뿌려요.

와우~! 이건 뭐 유명 패밀리 레스토랑에서 나오는 샐러드에 못지않은 요리가 떡하니 만들어졌어요. 후후, 이쯤 되면 셰프라고 불러도 되겠는데요.

이렇듯 요리는 어려운 게 아니에요. 이 책에 나온 조리법에 따라 여러 가지 요리를 하다 보면 어느 날 굉장한 요리 실력을 가진 자신을 발견할 수 있을 거예요. 다만 날카로운 칼이나 뜨거운 불에 다칠 수 있으니 조심해야 해요. 그래서 요리에 익숙해지기 전엔 어른과 함께하는 것이 좋아요.

그런데 요리를 하다 보면 "도대체 이런 일은 왜 일어나는 거지?" 하며 궁금한 일들이 마구 벌어질 거예요. 막걸리를 섞은 밀가루 반죽이 풍선처럼 부풀거나, 불에 올려놓은 밤이 폭탄처럼 펑 하고 터지고, 또 냉동실에 넣지도 않은 우유가 얼어 아이스크림이 된다든지 하는 거 말이에요. 그러면 '사이언스 쿠킹 포인트'의 질문을 한번 생각해 보세요. 그러고 나서 〈선생님이 들려준 재미있는 요리과학 이야기〉를 읽어 보세요. 그러면 요리 과정에서 나타난 현상에 숨은 과학 원리가 고개를 삐죽 내밀 거예요.

하지만 그렇게 알게 된 과학 원리를 외우려고 애쓰진 마세요. 그저 요리를 하면서 "그런 재미있는 일이 벌어졌었지." 하고 생각만 해도 돼요. 요리과학은 공부하는 것이 아니라 맛있게 즐기는 것이니까요.

엄마 아빠와 함께한 맛있는 추억이 오래도록 남길 바라며

2017년 7월 노희선

스마트 요리과학 미리 맛보기
음식 컬러링

떡볶이

떡볶이에 숨은 과학 - 호화

끓이지 않은 떡볶이를 먹어 봐. 딱딱하고 맛도 없어. 잘 익은 떡볶이를 먹어 봐. 말랑말랑하고 맛있지? 왜 그럴까?

쌀 등의 곡식이나 감자 등의 채소에는 녹말이라는 성분이 많이 들어 있어. 녹말은 수분이 적고 온도가 낮은 조건에서는 입자가 촘촘해. 그래서 딱딱하고 맛도 없지. 그런데 물을 붓고 열을 가하면 입자 사이에 물이 들어가 입자가 느슨해져. 이렇게 변한 녹말은 말랑하고 맛도 좋아. 이것을 호화라고 해.

그런데 밥이 식고 수분이 증발하면 다시 녹말 입자 사이가 촘촘해져 딱딱하고 맛이 없어져. 이것을 노화라고 해.

맛있게 칠해
보세요.

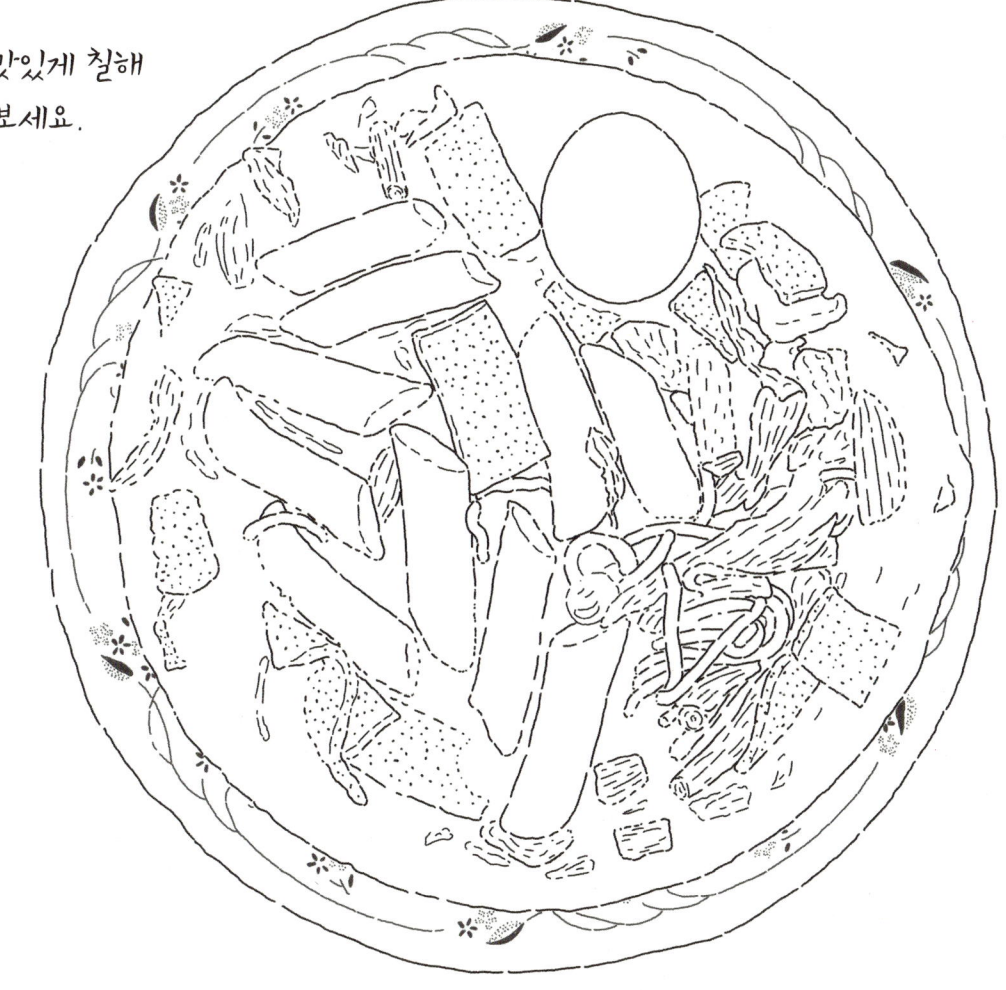

떡볶이에 숨은 과학 - 관성

떡볶이에 삶은 달걀을 넣으려는데 날달걀과 삶은 달걀이 섞여 버렸어. 겉보기엔 똑같은 날달걀과 삶은 달걀 가운데서 어떻게 삶은 달걀을 골라낼 수 있을까? 이때 '관성'이라는 과학 원리를 알면 쉽게 삶은 달걀을 골라내 떡볶이에 넣을 수 있어.

달걀을 팽이처럼 돌려 봐. 그리고 손가락으로 눌러서 멈추게 한 뒤 손가락을 떼. 그러면 어떤 달걀은 그대로 멈춰 있고 어떤 달걀은 멈췄다가 다시 움직여. 그대로 멈춘 달걀이 삶은 달걀이야.

힘 즉, 에너지는 액체보다 고체에서 더 잘 전달돼. 삶은 달걀은 껍데기는 고체이고 안에 있는 흰자와 노른자도 익어서 고체야. 껍데기와 속이 모두 고체여서 멈추려는 힘이 달걀 전체에 골고루 전달돼서 바로 멈추지. 반면 날달걀은 껍데기는 고체지만 속에 있는 흰자와 노른자는 액체야. 멈추게 하려 힘을 가하면 고체인 껍데기는 멈춰. 하지만 액체인 속은 멈추게 하려는 힘이 껍데기처럼 빠르게 전해지지 않아. 그래서 멈추지 않고 돌던 방향으로 계속 돌려고 하지.

이렇게 움직이던 물체는 계속 움직이려 하고 멈춰 있던 물질은 계속 멈춰 있으려는 성질을 관성이라고 해.

스마트 요리과학 미리 맛보기
음식 컬러링

피자

피자에 숨은 과학 – 원심력

피자 가게에 가보면 피자 반죽을 빙글빙글 돌리는 요리사를 볼 수 있어. 돌리면 돌릴수록 반죽은 둥글게 자꾸자꾸 커지지. 왜 그럴까?

피자 반죽을 둥글고 크게 만드는 것은 원심력 때문이야. 원심력은 원운동을 하는 물체가 원의 중심으로부터 바깥쪽으로 멀어지려는 힘을 말해. 반죽을 빙빙 돌리면 반죽은 바깥쪽으로 향하려 하기 때문에 자꾸 늘어나. 또 둥글게 원을 그리며 도니까 모양도 둥글게 되는 거지.

맛있게 칠해 보세요.

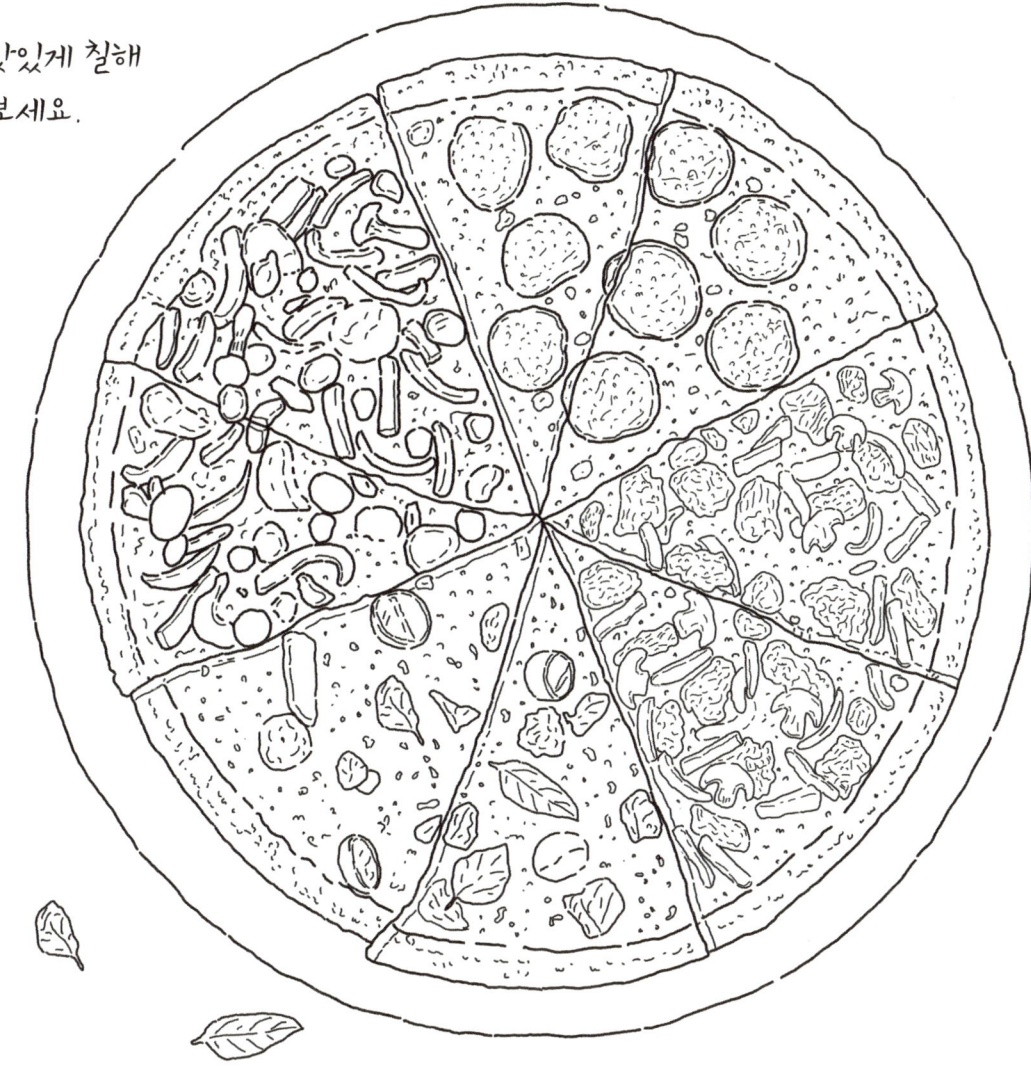

피자에 숨은 과학 - 전도, 대류, 복사

열은 온도가 높은 곳에서 낮은 곳으로 움직여. 냉장고 안에서 달걀을 꺼내 손으로 쥐고 있어 봐. 차가운 달걀이 따뜻해지지? 손의 열에너지가 달걀로 옮아갔기 때문이야.

열에너지가 전해지는 방식은 세 가지가 있어. 열이 있는 물체에서 열이 없는 물체로 직접 닿아 열에너지가 전해지는 전도, 데워진 액체나 기체는 위로 올라가고 차가워진 액체나 기체는 아래로 내려와 전체적으로 데워지는 대류, 중간에 열을 전달하는 아무런 물질이 없이 열이 이동하는 복사가 그것이야.

화덕 안에서는 이 세 가지 열에너지의 이동 방식이 다 나타나. 먼저 뜨거운 화덕 바닥의 열이 피자에 직접 전달되는 건 전도, 화덕 안의 뜨거워진 공기가 위로 올라갔다 아래로 내려왔다 하는 식으로 빙글빙글 돌며 피자에 열을 전하는 건 대류, 화덕 안의 불이나 뜨거워진 벽돌에서 발사되는 적외선이 피자에 열을 전하는 건 복사.

이렇게 여러 방식으로 열을 가하니 화덕 피자가 더 맛있게 익는 거야.

■차례■

부모님에게 드리는 글 요리로 4차 산업 혁명을 대비한다고? 4
〈스마트 요리과학〉 사용 설명서 이 책의 구성과 활용 7
어린이에게 드리는 글 귤만 까먹을 줄 알아도 반은 요리사 10
스마트 요리과학 미리 맛보기 음식 컬러링 12

1. **원자** (요리 : 찐어묵) 다른 은하와 통하는 문 20
2. **분자** (요리 : 뽑기) 분자 단위로 웜홀을 통과하라 26
3. **이온** (요리 : 이온 음료) 마요네즈, 쭈그렁 할머니가 되다 32
4. **전하** (요리 : 단호박 견과 라떼) 위험한 방문자들 38
5. **정전기** (요리 : 치즈 방울토마토 범벅) 지구인의 탈을 쓴 외계인 44
6. **밀도** (요리 : 쫄면) 누룽지초등학교 요리과학반 50
7. **기화** (요리 : 군밤 맛탕) 3일 만에 세워진 8층 건물 56
8. **기화열과 끓는점** (요리 : 중탕 달걀찜) 마가린, 마요네즈, 그리고 마리 62
9. **압력과 끓는점** (요리 : 약식) 몹시도 수상한 마리네 가족 68
10. **어는점** (요리 : 블루베리 아이스크림) 찌까뽀까인의 음모 74
11. **대류** (요리 : 농어찜) 멸치 똥의 맛은 쓰다 80
12. **전도** (요리 : 알감자 로즈마리 버터 구이) 죽음의 가루 86
13. **복사** (요리 : 뱅어포 구이) 오렌지 맛 건전지와 숯불구이 92
14. **호화** (요리 : 진달래 화전) 안드로메다, 최고의 맛집에 뽑히다 98
15. **중력** (요리 : 삼색 나물 비빔밥) 깜상, 파괴되다 104

16. 원심력 (요리 : 방울토마토 채소 샐러드)
　　　　　마가린을 세탁기로 돌리면?　110

17. 마찰력 (요리 : 애호박전) 다른 방향으로 움직이는 마음　116

18. 관성 (요리 : 문어 쌀국수 샐러드) 깜상, 쓰레기장에 버려지다　122

19. 산과 염기 (요리 : 생선초밥) 염산에 빠진 깜상을 구하라!　128

20. 용해 (요리 : 멸치 육수 어묵 우동) 안드로메다 요리의 비밀　134

21. 혀 (요리 : 파래 달걀말이) 잊지 마, 우리가 친구라는 걸!　140

22. 소화기관 (요리 : 시래기 닭볶음딩) 배가 터질 때까지 고기를 먹어라!　146

23. 소화효소 (요리 : 군고구마) 외계인은 떡볶이를 싫어해　152

24. 미생물 (요리 : 복숭아 피클) 몸에 좋은 유산균, 외계인을 죽이다　158

25. 발효 (요리 : 술빵) 된장 공장을 파괴하라!　164

26. 삼투압 (요리 : 양배추김치) 마리, 소금통에서 죽어 가다　170

27. 5대 영양소 (요리 : 멜 김밥) 살아줘서 고마워　176

28. 당과 콜라겐 (요리 : 돼지불고기) 마지막 대결　182

29. 컬러푸드 (요리 : 콩나물 잡채) 자연의 색으로 사람들을 치료하다　188

30. 슬로푸드 (요리 : 우렁 강된장)
　　　　　인간을 위한 음식, 자연을 위한 음식　194

등장 인물

김마리
누룽지초등학교 요리과학반. 요리과학반에 새로 들어온 전학생. 패밀리 레스토랑 안드로메다의 막내딸로 예쁘고 귀여운 외모로 남자애들의 환심을 산다. 상냥한 미소 뒤에 온갖 나쁜 짓을 숨기는 작은 악마. 특기는 과학에 대한 해박한 지식과 엄살 부리기.

깜상
인류에 닥친 위험을 막으려 미래에서 온 하이테크 바이오 로봇 솔저. 시루 친구인 단비네서 살다 위험한 외계 생명체의 지구 잠입을 알아채고 쌍문동 시루네 집에서 얹혀 산다. 까칠한 성격과 대상을 가리지 않는 의심증으로 시루의 핀잔을 듣지만, 들은 체도 안 한다. 특기는 섭씨 100도가 넘는 펄펄 끓는 방귀 폭탄과 날라차기.

홍시루
누룽지초등학교 요리과학반. 요리과학반의 실질적인 리더로 세상에서 가장 맛있는 음식을 만드는 요리사가 꿈이다. 한식 음식점 봄동집을 운영하는 한식 요리사 할머니와 과학자 출신 엄마의 영향으로 요리와 과학에 두루 능하다. 한번 믿으면 끝까지 가는 의리의 소녀. 특기는 전문 셰프에 못지않은 현란한 칼질과, 한번만 맛을 봐도 음식에 들어간 모든 재료를 단번에 밝혀내는 절대미각.

시루 엄마
화학을 전공한 과학자. 나이 들어 봄동집을 운영하기 힘들어진 어머니를 돕기 위해 근무하던 연구소를 그만둔다. 과학자 출신답게 요리를 하는 과정에 정확한 계량과 과학적 원리를 따진다.

마가린 김
안드로메다 사장. 부리부리한 눈과 우뚝한 코, 떡 벌어진 어깨 등 잘생겼지만 어딘지 느끼한 외모의 소유자. 자신의 나쁜 목적을 이루기 위해 정체를 알 수 없는 조미료로 사람들의 입맛을 사로잡는다. 특기는 강철 같은 신체를 바탕으로 한 엄청난 전투력.

마요네즈 김
패밀리 레스토랑 안드로메다의 맏딸로 뛰어난 미모와 몸매의 소유자. 완벽한 외모와는 달리 어리바리한 행동으로 동생 마리에게 비웃음을 사지만 크게 신경쓰지 않는 천하태평한 성격. 안드로메다에서 매니저로 일하며 사람들의 인기를 한몸에 받는다. 특기는 누가 뭐라고 해도 상처받지 않는 철면피 멘탈.

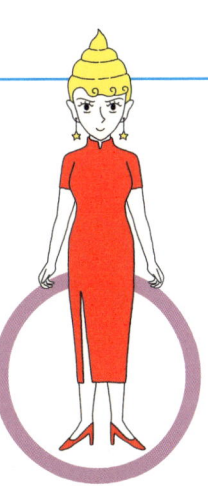

슈가 나트류미나
마가린의 아내로 파리에 있는 안드로메다 사장. 마가린, 마요네즈, 마리 들의 실질적인 우두머리로 모든 나쁜 짓을 지휘한다.

목은지
누룽지초등학교 요리과학반. 시루의 절친으로 함께 학교 앞 분식점을 돌며 요리 연구를 하길 좋아한다. 같은 요리과학반인 파래를 좋아한다. 파래의 호감을 받는 마리를 질투한다.

김파래
누룽지초등학교 요리과학반.

도마토
누룽지초등학교 요리과학반.

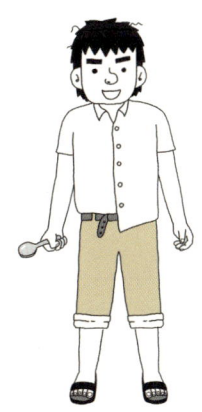

김부각
누룽지초등학교 요리과학반. 담임교사

시루 할머니
한식 음식점 봄동집을 열어 맛있으면서도 몸에 좋은 음식을 저렴하게 판다. 또한 일요일마다 생활이 어려운 사람들을 위해 무료로 음식을 제공한다. 레시피나 계량도구 하나 없이 오직 눈대중과 손맛으로 음식을 해서 과학자 출신 딸과 티격태격한다.

작게 작게 아주 작게, 원자처럼 아주 작게!

찐어묵

|재료|
새우 240g, 동태살 250g, 당근 50g, 애호박 60g,
깻잎 2장, 대파.흰대 1개, 소금 약간, 달걀 1개 흰자, 감자전분 4T,
밀가루(중력분) 3T, 후춧가루 약간, 생강즙 1t, 설탕 1/2T, 청주 1T

사이언스 쿠킹 포인트
얼마나 작게 자를 수 있을까?
자르고 또 잘라서 더 이상 자를 수
없을 정도로 아주 아주 작은
알갱이를 무엇이라고 부를까?

|요리 방법|
① 당근, 애호박, 깻잎, 대파를 잘게 자른다.
② 동태살은 해동한 뒤 키친타월로 물기를 제거하고 새우는 잘 손질해 믹서기에 함께 간다.
③ 갈린 생선살에 소금을 넣고 잘 치대 주다, 나머지 재료를 다 넣고 다시 잘 치대 준다.
④ 비닐 위생백에 어묵 반죽을 공기층이 생기지 않도록 꾹꾹 눌러 담고 끈으로 묶어 상온에 1시간 정도 둔다.
⑤ 모양을 만든 어묵 반죽을 종이 호일 위에 놓고 돌돌 만다. 호일 양 끝은 실로 동여맨다.
⑥ ⑤를 김이 오른 찜기에 넣고 센불로 15분 정도 찐다.
⑦ 잘 쪄진 어묵은 종이 호일을 벗기고 쫀득해지도록 선풍기 바람에 식힌다.

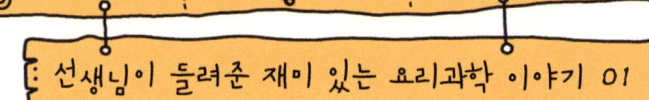

세상 모든 물질을 이루고 있는 가장 작은 것은 원자!

맛있는 어묵을 만들기 위해서는 채소를 아주 작게 잘라야 해. 그래야 채소들이 생선살과 골고루 섞여 맛있는 어묵이 되거든. 그러니 눈에 힘을 주고 최대한 작게 채소를 잘라 봐. 그런데 이렇게 자꾸 작게 자르면 나중엔 얼마나 작게 자를 수 있을까?

당근을 자르면 우선 당근 조각이 될 테고, 그것을 더 작게 자르면 당근 알갱이가 될 테고, 그것을 더 작게 자르면 당근 세포가 되겠지. 동

잘게 다진 채소들

식물의 몸체는 수없이 많은 작은 세포가 모여서 이루어져 있거든. 세포는 또 분자 단위로 자를 수 있어. 이렇게 어떤 물질을 자르고 또 잘라서 더 이상 자를 수 없게 된 것을 무엇이라고 부를까?

자르고 또 잘라서 더 이상 자를 수 없는 아주 작은 것을 원자라고 불러. 이것은 더 이상 당근은 아니야. 물질을 이루고 있는 기본적인 구성 단위이지. 우리를 둘러싼 세상 모든 물질들은 이런 여러 가지 원자들로 이루어져 있단다.

원자보다 더 작은 게 있다고?

과학이 발달하면서 더 이상 나뉠 수 없는 가장 작은 단위는 원자가 아니라는 게 밝혀졌어. 원자를 더 깊이 연구해 보니 전자, 양성자, 중성자 등으로 이루어져 있다는 거지. 그러면 물질의 가장 작은 단위가 원자라는 말은 고쳐져야 한다고? 그렇지 않단다. 전자, 양성자, 중성자 등 각각의 입자는 원자가 가진 고유의 특징을 나타내지 않기 때문이지. 예를 들어 산소를 전자, 양성자, 중성자로 나누면 더 이상 산소가 아니란다. 그것은 그냥 작은 입자들일 뿐이지. 즉, 물질의 가장 작은 단위는 여전히 원자인 거야.

원자들을 나타내는 기호, 원자 기호

우리 몸을 이루는 물질 중 가장 큰 비중을 차지하는 물의 경우, 수소 원자와 산소 원자로 이루어져 있어. 물은 화학식으로 H_2O라고 쓰는데, H는 수소의 영어 이름인 하이드로겐(Hydrogen)의 첫 번째 글자를, O는 산소의 영어 이름인 옥시전(Oxygen)의 첫 번째 글자를 딴 것이야. 이것을 원자 기호라고 하는데 원자 기호를 이용하면 물질이 어떤 원자로 이루어져 있는지 간단히 나타낼 수 있어.

예를 들어 볼게. 우리가 요리를 하면서 가장 중요하게 다루는 소금은 어떤 원자로 이루어져 있을까? 소금의 화학식은 NaCl이야. 여기서 Na는 나트륨(Natrium)의 첫 글자를 딴 것이고, Cl은 염소의 영어명인 클로린(Chlorine)에서 C자와 l자를 딴 거야. 즉, 소금은 나트륨 원자와 염소 원자로 이루어진 물질임을 알 수 있지.

엄마와 함께 하는 쿠킹 타임

이산화탄소 분자가 보글보글 뽕뽕뽕!

뽑기

|재료|
설탕 2T, 소다 약간(나무젓가락으로 한 번 콕 찍은 양), 국자, 모양틀, 밑판, 누름판, 끌개, 나무젓가락

|요리 방법|

① 설탕을 국자에 담아 가스레인지 위에 올려서 타지 않게 잘 저어 가며 녹인다.
② 녹은 설탕에 나무젓가락으로 소다를 콕 찍어 넣고 저어 준다.
③ 뽑기가 부풀어 오르면 밑판에 붓는다.
④ 뽑기가 굳기 전에 누름판으로 누른 다음 모양틀로 찍는다.
⑤ 뽑기를 끌개로 떼어 낸다.
⑥ 뽑기를 모양대로 살살 뽑아 본다.

사이언스 쿠킹 포인트

부풀어 오른다는 건 무언가 들어간다는 거잖아? 풍선에 공기가 들어가 부풀어 오르듯 말이지. 뽑기를 부풀어 오르게 하는 건 뭘까?

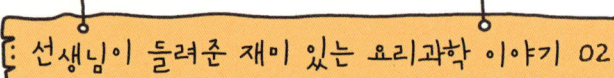

방구쟁이 소다 속 분자를 찾아라!

'뽑기'를 만들 때 소다를 조금 넣자 크게 부풀어 올랐어. 소다에 열을 가하면 이산화탄소라는 기체가 생기는데, 이것이 녹은 설탕을 부풀리는 거지. 이렇게 이산화탄소 기체는 녹은 설탕 여기저기에 작은 공간을 만들며 부풀어 올라. 소다는 빵을 만들 때 넣는 가루인데, 좀 어려운 말로 탄산수소나트륨이라고 부르기도 해.

보글보글 부푸는 뽑기!

탄산수소나트륨을 화학식으로 나타내면 $NaHCO_3$ 야. 여기서 Na는 나트륨이고, H는 수소, C는 탄소, O는 산소야. 탄산수소나트륨은 이런 원자들이 모여서 만들어진 물질임을 알 수 있지. 이것에 열을 가하면 물과 이산화탄소가 생기는데, 이 물과 이산화탄소는 하늘에서 뚝 떨어진 게 아니고 탄산수소나트륨에서 나온 거지. 물의 화학식은 H_2O이고, 이산화탄소의 화학식은 CO_2야.

물(H_2O)과 이산화탄소(CO_2)를 가만히 보면 H, O, C 등의 원자로 이루어져 있어. 이것은 바로 탄산수소나트륨($NaHCO_3$)에 있던 애들과 같다는 걸 알 수 있어. 이때 물(H_2O)과 이산화탄소(CO_2)를 분자라고 해. 분자란 물질의 성질을 가지고 있는 가장 작은 단위야. 여기선 H_2O는 물 분자, CO_2는 이산화탄소 분자라고 불러. 물을 쪼개고 쪼개서 더 이상 쪼갤 수 없을 정도로 작은 물 알갱이가 되면 이것을 분자라고 부르지. 물론 물 분자도 원자인 수소(H)와 산소(O)로 나눌 수 있는데, 원자는 물의 고유한 성질은 갖고 있지 않아. 물이 아니라 수소와 산소인 거지. 즉, '물'이라는 물질이 가진 고유한 성질을 갖고 있는 가장 단위는 분자라는 말씀!

분자는 열을 받으면 성질이 변해!

분자는 온도나 압력에 따라 고체, 액체, 기체 상태로 모습이 변해. 물 분자의 경우 온도가 높아지면 수증기가 되고 온도가 낮아지면 얼음이 되지.

물질의 온도가 높아진다는 건 분자에 열에너지가 전해진다는 뜻으로, 분자는 열을 받으면 움직임이 활발해지지. 우리도 영양가 많은 음식을 먹어서 힘이 넘치면 교실을 벗어나 운동장을 마구 뛰어다니잖아. 또 열이 나서 더우면 서로 가까이 붙어 있으려 하지 않지. 액체인 물이 열에너지를 받으면 우리가 영양가 많은 음식을 먹은 것처럼 힘이 넘쳐서 공중으로 막 뛰어오르지. 또 물 분자끼리 서로 가까이 있지 않고 서로 멀찍이 떨어지려고 해. 이렇게 물 분자가 공중으로 날아오르는 상태를 수증기라고 한단다.

반대로 온도가 낮아진다는 건 열에너지를 잃는다는 뜻이야. 에너지를 잃으면 분자들의 움직임이 적어져. 우리도 추우면 잔뜩 움츠리고 잘 안 돌아다니잖아. 기체인 수증기가 열에너지를 잃으면 액체인 물이 되고, 여기서 더 열에너지를 잃으면 고체인 얼음이 되지. 열에너지를 잃은 분자들은 움직임이 줄고 분자들끼리 바싹 붙어 있어. 추울 땐 우리도 친구들끼리 바싹 붙어 있으려고 하는 것처럼 말이지.

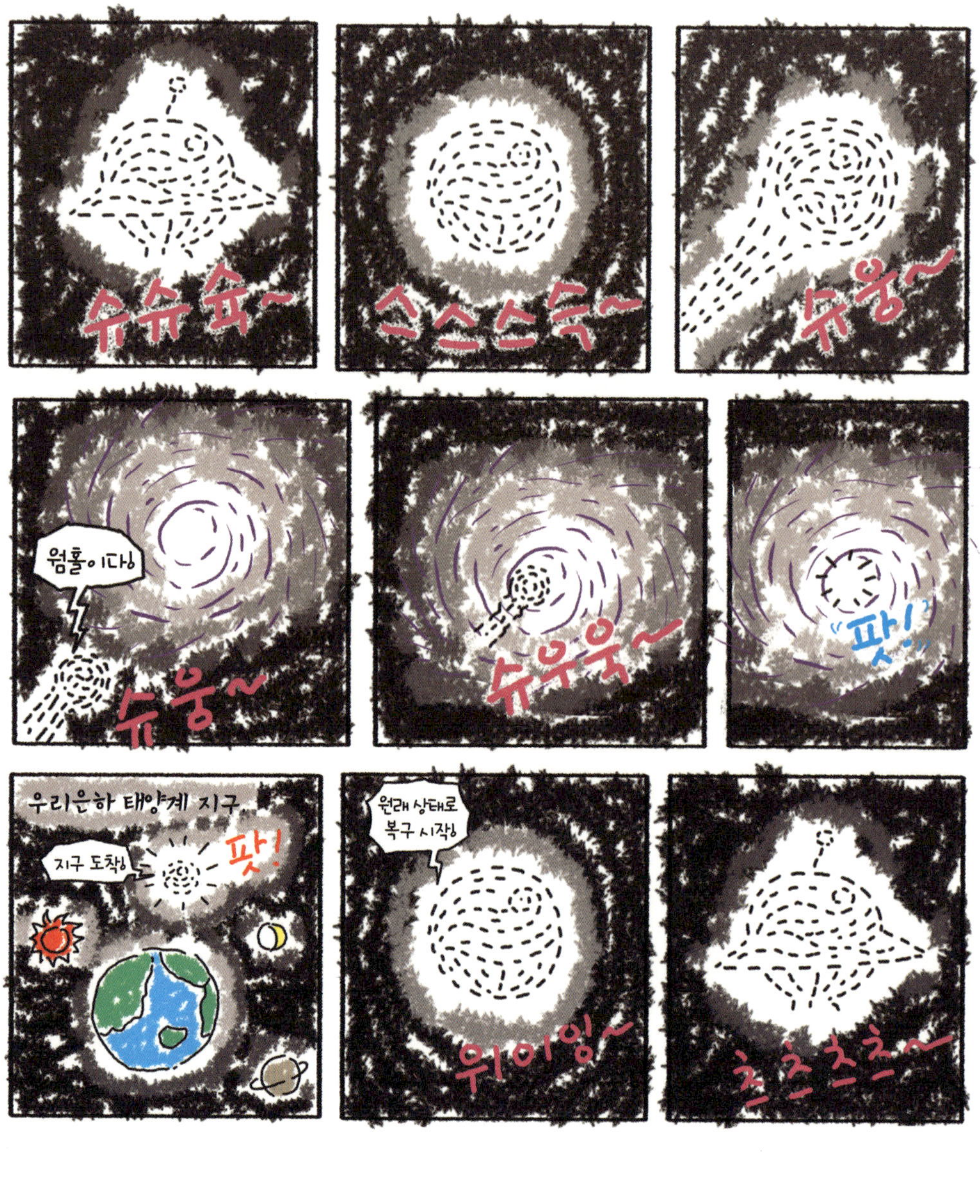

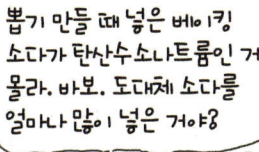

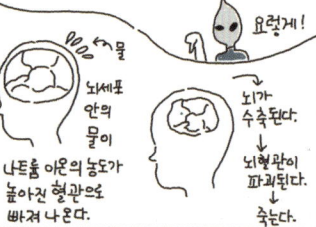

엄마와 함께 하는 쿠킹 타임

갈증을 한번에 해결한다!
이온을 보충하는 파워 음료

이온 음료

|재료|

생수 1ℓ, 소금 1t, 베이킹소다 2/3T, 설탕 1t, 오미자청 10T

|요리 방법|

① 생수병에 생수 1ℓ와 베이킹소다, 소금, 설탕, 오미자청을 준비한 분량대로 넣는다.
② 뚜껑을 닫고 잘 녹도록 흔들어준다.
③ 투명한 유리컵에 담아서 낸다.

사이언스 쿠킹 포인트

소금, 설탕 알갱이가 보이지 않아. 어디로 갔을까? 힌트! 2장에서 배웠던 걸 기억해 봐. 사실 우리 눈에 보이는 소금이나 설탕 알갱이는 눈에 보이지 않을 정도로 작은 소금, 설탕 알갱이가 뭉친 거야.

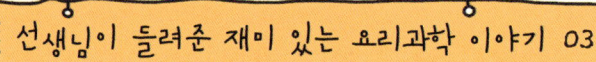

선생님이 들려준 재미 있는 요리과학 이야기 03

이온은 전자를 잃거나 얻은 원자

앞서 원자가 쪼갤 수 없는 가장 작은 입자라는 이야기를 했지. 그런데 여기서 말하는 가장 작은 입자라는 건 원자로서의 고유한 성질이 유지되는 상태에서 가장 작은 입자라는 의미야. 예를 들어 수소 원자라고 하면 가장 가벼우며 양성자가 하나라는 수소의 특징이 있는 한에서 가장 작은 입자라는 말이야.

그런데 원자는 다시 전자, 양성자, 중성자라는 더 작은 입자로 쪼갤 수 있는데, 그렇게 되면 원자의 고유한 특징은 사라져. 양성자와 중성자는 뭉쳐서 원자핵을 이루고 전자는 그런 원자핵의 둘레를 돌고 있지. 원자핵은 양(+)의 전기적 성질, 즉 양전하를 갖고 있고, 전자는 음(-)의 전기적 성질, 즉 음전하를 갖고 있어. 이렇게 다른 전기적 성질을 가지면 서로 잡아당기는 힘이 작용해. 그래서 전자와 원자핵이 서로 잡아당기면서 원자를 이루고 있는 거야. 그런데 원자는 바깥에서 어떤 힘이 가해지면 자신을 이루고 있던 전자를 잃기도 하고 얻기도 해. 이렇게 전자를 잃거나 얻은 원자를 이온이라고 해.

탄산수소나트륨과 소금

원자가 전자를 잃으면 전자가 가진 음(-)의 성질이 줄어 상대적으로 원자핵이 가진 양(+)의 성질이 강해지는데, 이런 원자를 양이온이라고 해. 반대로 원자가 전자를 얻으면 전자가 가진 음(-)의 성질이 원자핵이 가진 양(+)의 성질보다 강해지는데, 이런 원자를 음이온이라고 하지.

이온 음료

이온 음료는 앞에서 말한 이온이 들어 있는 음료야. 이온 음료에 들어 있는 이온은 나트륨 이온(Na^+)과 칼륨 이온(K^+) 등이야. 나트륨이나 칼륨은 물에 넣으면 쉽게 이온이 되는 원자인데, 이와 같은 물질을 전해질이라고 해. 우리 몸의 체액은 이런 전해질들이 녹아 있는 물이야. 이 전해질들의 농도가 일정하게 유지되어야 우리의 몸이 정상적으로 작동될 수 있어.

그런데 덥거나 운동을 해서 땀을 흘리면 물과 함께 이런 전해질도 빠져 나가. 이때 물만 먹으면 체액의 전해질 농도가 낮아져 몸에 이상이 올 수 있어. 그래서 전해질이 들어 있는 이온 음료를 먹지. 그러면 부족해진 물과 전해질을 동시에 채워 준단다. 특히 이온 음료는 체액과 전해질의 농도가 같아서 일반 물보다 더 빨리 몸에 흡수될 수 있어.

이온 음료는 물에다 이온이 되는 물질을 넣는 간단한 방법으로 만들 수 있어. 소금(염화나트륨)을 물에 넣으면 나트륨 이온(Na^+)과 염소 이온(Cl^-)으로 나뉘어. 나트륨 이온과 염소 이온이 든 이온수가 되는 거지. 여기에 소다(탄산수소나트륨)와 레몬을 넣으면 소다가 레몬의 산성에 반응하여 이산화탄소가 발생하는데 이것이 탄산음료 같은 청량감을 주고 말이야. 그리고 설탕을 넣으면 달아서 먹기에 좋을 뿐만 아니라 혈액 속에 당을 공급하여 피로를 푸는 데 도움이 된단다.

하지만 이런 이온 음료를 평소에 너무 자주 먹는 건 좋지 않아. 소금이나 설탕을 지나치게 많이 먹으면 몸에 필요 이상의 이온이 들어가서 전해질의 균형이 깨질 수 있고 설탕의 당분은 중성지방이 되어 비만의 원인이 되니까 말이야. 심하게 땀을 흘려서 물과 전해질을 빨리 보충해 줄 필요가 있을 때만 이온 음료를 먹도록 하렴.

4. 전하
위험한 방문자들

자, 준비됐으면 지구로 내려가자.

어디에 착륙할까요?

대한민국 서울시 강북구 쌍문동을 거점으로 해야 하니까, 가까운 북한산 깔딱고개를 좌표로 잡아.

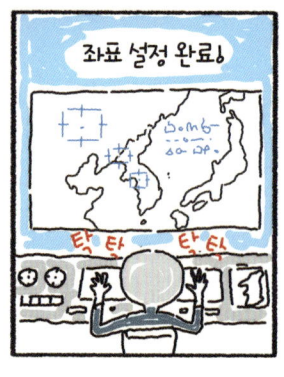
좌표 설정 완료!
탁탁 탁탁

좋아, 지구 진입!

슈우우웅~

슝

팟!

조용~

엄마와 함께 하는 쿠킹 타임

단호박 견과 라떼

달콤하고 고소한데 영양까지 만점이라고?

|재료|

단호박 1/2개, 우유 200ml, 견과류
(호두, 잣, 아몬드, 캐슈넛, 해바라기 씨 등) 20g,
꿀 1T, 소금 약간

사이언스 쿠킹 포인트

전자레인지에 단호박을 넣고 돌리면 왜 뜨거워질까? 불에 올려놓지 않아도 뜨겁게 만들 수 있는 방법이 있어. 손을 마주 대고 비벼 봐.

|요리 방법|

① 단호박을 반으로 잘라서 씨를 뺀다.
② 손질한 단호박을 전자레인지에서 3분 돌리고 뒤집어서 2분 돌려 익힌다.
③ 단호박을 으깬다.
④ 우유, 단호박, 견과류, 꿀을 믹서기에 넣고 곱게 간다.
⑤ 예쁜 컵에 적당량을 담아서 낸다.

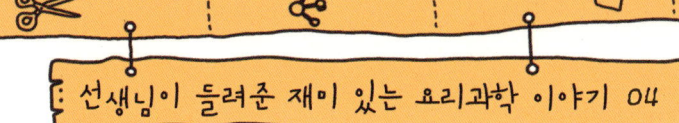

전하를 이용해 음식을 데우는 전자레인지

전하는 물질이 가지고 있는 전기적 성질로, 양(+)전하와 음(−)전하가 있어. 앞서 이온을 이야기하면서 전자를 잃은 원자는 양의 성질, 즉 양전하를 띤 양이온이 되고, 전자를 얻은 원자는 음의 성질, 즉 음전하를 띤 음이온이 된다고 했어. 바로 이 전하를 이용해서 만든 전자 제품이 있는데, 바로 전자레인지야.

전자레인지는 식품 속에 들어 있는 물 분자를 마구 움직이게 만들어 열이 나게 하고, 그 열로 차가운 식품을 데우는 전자 제품이지. 물 분자를 어떻게 움직이게 만드냐고? 잘 들어 봐. 물 분자는 수소와 산소 두 가지 원소로 되어 있는데, 수소와 산소는 각기 다른 전하를 띤 이온이야. 수소 이온은 양전하를, 산소 이온은 음전하를 띠고 있지.

전자레인지에서 단호박 익히기

여기에 음과 양의 전기적 성질이 번갈아 나타나는 마이크로파를 쐬어 주는 거야. 마이크로파가 음의 성질을 나타낼 땐 양전하를 가진 수소 이온이 마이크로파 쪽으로 향하고, 마이크로파가 양의 성질을 나타낼 땐 음전하를 가진 산소 이온이 마이크로파 쪽으로 향하지. 전기는 서로 다른 극성 쪽은 당기고, 같은 극성 쪽은 밀어내거든. 이렇게 계속 마이크로파를 쐬어 주면 물 분자도 계속 위치를 바꾸며 빙빙 돌지. 이렇게 빠르게 움직이는 물 분자들이 서로 부비고 충돌하면서 열이 발생하는 거야.

전자레인지 사용시 주의할 점

전자레인지는 여러모로 편리한 전자 제품이지만 조심해야 할 것이 있어. 금속으로 된 그릇이나 알루미늄 포일, 은박지 등을 넣으면 스파크가 일어 불이 날 수 있으니 전자레인지 용기로 쓰면 안 돼. 또 플라스틱으로 된 그릇을 쓰면 환경 호르몬 등 몸에 좋지 않은 물질이 흘러나올 수 있으니 역시 사용하지 않는 게 좋아. 편하다는 이유로 컵라면을 전자레인지에 데우기도 하는데, 컵라면 용기에서 유해 물질이 녹아서 라면 국물에 섞이니 절대 넣으면 안 돼. 그리고 밀폐 용기에 담긴 식품의 경우 뚜껑을 조금 뜯어낸 후 데워야 해. 그렇게 하지 않으면 터질 수 있어. 특히 달걀의 경우 속부터 데우는 전자레인지의 특성 때문에 달걀 안의 수분이 급격히 수증기로 변하며 터지기 때문에 역시 피하는 게 좋아. 그리고 전자레인지를 둘러싸고 있는 금속이 전자파를 차단하고 있다고는 해도 전자레인지가 돌아가는 동안 가까이 있으면 몸에 좋지 않은 영향을 줄 수 있으니 떨어져 있도록 해.

냉동시킨 밥을 맛있게 데우는 방법

식사 때마다 매번 밥을 하는 건 쉽지 않지. 보온밥통을 사용하기도 하지만 이것도 오래되면 색이 누렇게 변하고 수분이 빠져나가서 맛도 변해. 밥을 보관하는 가장 좋은 방법은 갓 지은 밥의 김이 가시고 완전히 식기 전에 냉동실에 넣어 얼리는 거야. 이렇게 얼린 밥은 밥의 맛 성분이 많이 남아 있어. 그런데 이것을 실온에서 서서히 녹이면 녹는 동안 맛이 없어져 버려. 언 밥을 전자레인지에 바로 데워야 맛있게 먹을 수 있지. 이때 언 밥에 물을 몇 번 부었다 버렸다 한 뒤 전자레인지로 데우면 밥알 사이에 수분이 들어가 밥맛이 고스란히 남아. 전자레인지는 물 분자를 움직여 식품을 데우는 전자 제품이니까 수분이 있어야 잘 데워지는 거지. 또 마이크로파가 작용하는 깊이는 한계가 있어서 데우려는 음식을 담은 그릇의 반지름이 10센티미터보다 크면 잘 데워지지 않아. 그래서 우리가 보통 먹는 밥 그릇 정도의 크기면 마이크로파가 충분히 힘을 미치므로 따끈하게 잘 데워진단다.

5. 정전기

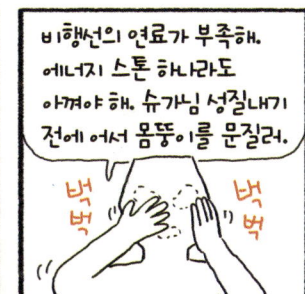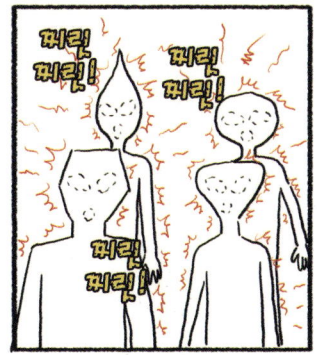

엄마와 함께 하는 쿠킹 타임

치즈 방울토마토 범벅

새콤달콤 토마토에
고소한 치즈가 듬뿍!

|재료|

슬라이스치즈 4장, 방울토마토 9개, 바질잎 5~6장
주방용 랩

사이언스 쿠킹 포인트

랩은 비닐인데 신기하게도
그릇에 붙지? 이유가 뭘까?
힌트! 자석을 한번
생각해 보렴.

|요리 방법|

① 방울토마토는 꼭지를 떼고 깨끗이 씻어 반을 자른다.
② 깊이가 있는 전자레인지용 그릇에 방울토마토를 먼저 담고, 그 위에 치즈와 바질잎을 올린 다음 랩을 씌운다.
③ 랩에 구멍을 서너 개 콕콕 뚫은 다음 전자레인지에 넣고 4분 30초 동안 돌린다.

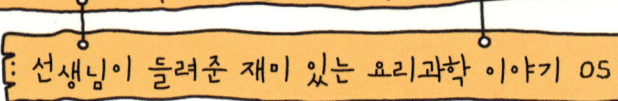

랩은 왜 그릇에 달라붙을까?

음식이 담긴 그릇에 뚜껑이 없을 때 아주 유용한 것이 랩이야. 랩이 말려 있는 두루마리에서 랩을 풀어 그릇에 덮으면 마치 접착제를 바른 듯이 그릇에 찰싹 달라붙지. 랩이 이렇게 그릇에 달라붙는 이유는 뭘까? 바로 랩에 전기가 있기 때문이야. 전기가 있기 때문에 그릇에 붙는다니 좀 이해가 안 되지?

랩에 있는 전기는 바로 정전기야. 겨울철에 차 문에 손을 대면 찌릿 하는 게 바로 정전기지. 물체와 물체를 비비면 마찰로 인해 전기가 생기는데, 이것을 마찰전기 또는 정전기라고 불러. 우리가 일상생활을 하는 동안 이런저런 물건들을 만지는 과정에서 물건들에 있던 전자가 오고가며 손에 전기가 모여. 이렇게 모여 있던 전기가 쇠붙이 등 전기를 끌어들이는 물체와 만나면 순식간에 전기가 이동하면서 찌릿 하고 느끼는 거야.

랩 씌우기

랩을 두루마리에서 잡아당겨 풀면 붙어 있던 랩이 떨어지면서 마찰이 되고 여기서 음전하를 띤 정전기가 생겨. 이렇게 정전기가 생긴 랩을 그릇에 붙이면 그릇에 있던 전하 중 랩과 반대되는 양전하가 랩 쪽으로 모여들지. 그러면 랩과 그릇의 표면에 있는 서로 다른 전하가 서로 당겨서 붙는 것이란다. 앞에서 다른 전하끼리는 당기고 같은 전하끼리는 밀어낸다고 했던 것 기억하지?

정전기를 이용하는 또 다른 제품, 복사기

랩처럼 정전기를 이용한 제품으로는 복사기도 있어. 복사할 원본을 복사기에 올려놓으면 일단 복사기에서 나온 강한 빛이 종이에 쪼이고 그 빛은 복사기의 드럼으로 반사돼. 그런데 드럼에는 반도체 물질이 발라져 있어서 평소에는 양전하를 띠고 있다가 빛을 받으면 음전하로 바뀌어.

원본 종이에 빛을 쪼이면 종이의 흰 부분은 빛을 반사하니까 그 빛이 드럼에 닿아. 그러면 드럼에서 빛이 닿은 부분은 음전하가 돼. 반면 글자가 있는 부분은 빛을 흡수하여 반사하지 않아. 그러면 드럼에 빛이 닿지 않아 양전하인 상태로 있지.

이때 전류에 의해 음전하를 띤 흑연가루를 가져다 대면 양전하인 상태로 있는 드럼 부분에 흑연가루가 묻어. 여기에 양전하를 띤 종이를 대고 통과시키면 드럼에 묻어 있는 음전하를 띤 흑연가루가 종이에 달라붙게 돼. 이런 과정을 거쳐 원본에 있는 검은 글자나 그림이 종이 위로 똑같이 복사되는 거란다. 간단한 원리를 이용한 것뿐인데 참 신기하지?

매콤달콤 쫄깃쫄깃, 최고의 탄력 덩어리

쫄면

|재료|

쌀 쫄면 250g, 삶은 달걀 1개, 콩나물 한 줌, 양배추·적양배추 약간씩, 사과 1/4개, 당근 1/6개, 소금 약간

|비빔 양념장 재료|

고추장 3T, 사과식초 4T, 매실청 2T, 고춧가루 1T, 다진마늘 1T, 물엿 1T, 설탕 1T, 감귤즙 3T, 참기름 1T, 깨소금 1T

|요리 방법|

① 쫄면을 끓는 물에 잘 삶고 찬물에 여러 번 헹구어 채반에 담아 물기를 뺀다.
② 사과는 흐르는 물에 깨끗이 씻어 껍질째 나박나박하게 썰고 당근, 양배추는 채썬다.
③ 콩나물은 데쳐서 얼음물에 담가 놓았다가 채반에 담아 물기를 뺀다.
④ 달걀은 신선한 것을 골라 찬물이 담긴 냄비에 넣고 삶아 완숙을 만든다.
⑤ 그릇에 쫄면을 담고 썰어 둔 재료를 올리고 그 위에 비빔 양념장을 얹어 낸다.

사이언스 쿠킹 포인트

달걀을 소금물에 넣으면 신선한 달걀은 가라앉고 그렇지 않은 달걀은 떠올라. 신선한 달걀이 더 무겁기 때문이지. 왜 그럴까?

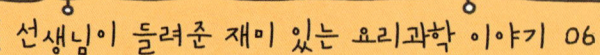
선생님이 들려준 재미 있는 요리과학 이야기 06

신선한 달걀을 골라 내라

무슨 요리를 하든 가장 중요한 것은 신선한 재료를 고르는 거야. 달걀 장조림을 할 때도 신선한 달걀을 고르는 것이 중요하지. 그런데 갓 낳아 신선한 달걀과 오래되어 신선도가 떨어진 달걀이 섞여 있으면 깨 보기 전에는 알 수가 없지. 하지만 달걀 장조림을 만들려면 온전한 모양으로 달걀을 삶아야 하니까 깨면 안 돼. 그럼 어떻게 신선한 달걀을 골라낼까? 소금물에 달걀을 담그면 신선한 달걀과 그렇지 않은 달걀을 쉽게 골라낼 수 있어. 신선한 달걀은 소금물 아래에 가라앉지만 신선하지 않은 달걀은 위로 떠오르거든. 이렇게 되는 이유는 바로 밀도 차이 때문이야.

달걀

밀도란 어떤 물질의 빽빽한 정도를 말해. 예를 들면 같은 부피의 봉지 안에 감자 칩이 빽빽하게 많이 들어 있으면 밀도가 높다고 하고, 반대로 감자 칩이 조금밖에 안 들어 있으면 밀도가 낮다고 하지. 밀도가 높다는 것은 안에 내용물이 꽉 차 있다는 것이니까 질량도 커서 무겁지.

우리가 어떤 물질의 밀도를 알기 위해서는 질량을 부피로 나누면 되는데, 이것은 곧 어떤 부피 안에 얼마나 많은 내용물이 들어 있는가를 재는 거야. 밀도가 높으면 질량이 크고 밀도가 낮으면 질량이 작으니까 질량이 다른 두 물질을 함께 놓으면, 밀도가 높은 물질은 아래로 가라앉고 밀도가 낮은 물질은 위로 떠오르지. 예를 들어 물과 기름을 한 그릇에 부어 놓으면 밀도가 높은 물은 아래로 가라앉고 밀도가 낮은 기름은 물 위로 떠오르는 것과 같아.

그렇다면 밀도와 달걀의 신선도와는 어떤 상관이 있을까? 우리 눈에는 보이지 않지만 달걀 껍데기에는 아주 작은 구멍들이 있어서 시간이 지날수록 구멍으로 수분이 빠져나가. 그래서 갓 낳은 달걀은 내부가 흰자와 노른자로 꽉 차 있지만, 낳은 지 오래된 달걀은 수분이 빠져나간 빈 공간이 공기로 채워져. 그러니까 겉보기에 부피가 같더라도 시간이 지날수록 빠져나간 수분만큼 가벼워지는 거지. 이것을 다른 말로 하면 달걀은 시간이 지날수록 밀도가 낮아진다고 할 수 있어. 그래서 오래된 달걀과 신선한 달걀을 소금물에 넣으면 밀도가 낮아진 오래된 달걀은 떠오르고 밀도가 높은 신선한 달걀은 아래로 가라앉아. 이걸 보고 달걀의 신선도를 알 수 있다는 말씀!

그런데 이렇게 소금물에 담가 신선도를 알아낸 다음엔 빠른 시간 안에 달걀을 요리해 먹어야 해. 달걀 껍데기는 큐티질이라는 아주 얇은 막으로 싸여 있어서 세균의 침입을 막아 줘. 그런데 이 막은 물에 쉽게 씻겨 나가 버리지. 큐티질이 없는 달걀은 세균 침입으로 인해 금방 상하거든.

엄마와 함께 하는 쿠킹 타임

군밤 맛탕

따뜻하고 고소한 군밤에
달콤한 설탕 시럽이 자르르르!

|재료|

밤 17개, 미니톱, 시럽 재료(설탕 2T, 물엿 2T, 물 3T), 검은깨 약간, 식용유 약간, 목장갑

|요리 방법|

1. 목장갑을 끼고 미니톱을 이용해 밤에 칼집을 낸다.
2. 석쇠에 밤을 굽는다.
3. 구워진 밤의 껍질을 벗긴다.
4. 기름을 두른 프라이팬에 군밤을 볶아 놓는다.
5. 시럽 재료를 프라이팬에 넣고 기포가 생길 때까지 그대로 두어 시럽을 만든다.
6. 시럽에 볶은 밤을 데굴데굴 굴린 후 검은깨를 뿌린다.

사이언스 쿠킹 포인트

밤 껍질에 칼집을 내지 않고 구우면 밤은 폭탄처럼 터져. 터진다는 건 빈틈없이 봉해진 껍질 안에 있는 물질의 압력이 커져서 껍질을 터뜨리는 거야. 열을 가하면 밤 껍질 안의 무언가가 압력이 아주 커진다는 건데, 그게 뭘까?

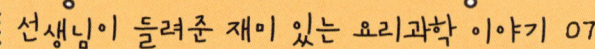
선생님이 들려준 재미있는 요리과학 이야기 07

알밤을 폭탄으로 만든 것은 바로 물!

밤을 불에 구울 때 폭탄처럼 펑 하고 터지는 걸 본 적 있지? 도대체 밤 속에서 무슨 일이 일어났기에 밤이 터졌을까? 밤의 알맹이는 물을 품고 있어. 밤에 열을 가하면 밤 속에 있는 물의 온도가 올라가면서 수증기로 변하지. 액체인 물이 기체인 수증기로 변하면 물 분자들의 움직임이 엄청나게 활발해져서 부피가 매우 커져. 이렇게 갑자기 부피가 커지면 밤 껍질 안의 압력이 무지무지 높아지지. 이 압력이 자꾸만 높아지다 밤의 껍질이 감당할 수 없는 정도가 되면 펑 하고 터져 버리는 거야.

액체가 열에너지를 받으면 액체를 이루고 있던 분자들의 움직임이 아주 활발해져. 물질을 구성하는 분자들은 서로 잡아당기는 힘(인력)에 의해 그 상태를 유지하는데, 분자들이 에너지를 얻으면 서로를 붙들고 있던 인력을 벗어나려 마구 날뛰지. 그러다 열에너지가 충분히 가해지면 마침내 잡아당기는 힘을 벗어나 공중으로 날아오르는 거

칼집을 넣어 군밤 굽기

야. 이렇게 물과 같은 액체가 열에너지를 받아 수증기와 같은 기체로 되는 것을 '기화'라고 해.

고체, 기체, 액체로 변화하는 물질의 상태 변화

물질은 온도와 압력에 따라 세 가지 상태로 변해. 물질을 이루고 있는 분자들은 열에너지를 받아 온도가 올라가면 움직임이 활발해져서 서로의 간격이 넓어져. 반대로 열에너지를 잃으면 분자들의 움직임이 줄어들고 서로의 간격이 좁아지지. 이렇게 열에너지를 얻거나 잃으면서 물질은 상태가 변해.

보통 고체가 열에너지를 받으면 액체 상태가 되는데, 이것을 '융해'라고 해. 액체가 열에너지를 더 받으면 기체 상태로 변하고 이것을 '기화'라고 하지. 반대로 기체가 열에너지를 잃으면 액체 상태가 되는데, 이것을 '액화'라고 해. 이 상태에서 열에너지를 더 잃으면 고체 상태가 되는데, 이것을 '응고'라고 해.

그런데 고체에서 액체 상태를 거치지 않고 바로 기체가 되거나 기체에서 액체 상태를 거치지 않고 바로 고체가 되는 경우도 있어. 이 경우를 '승화'라고 해.

이렇게 물질이 고체, 액체, 기체로 상태가 변하는 것은 열에너지를 얻거나 잃기 때문이야.

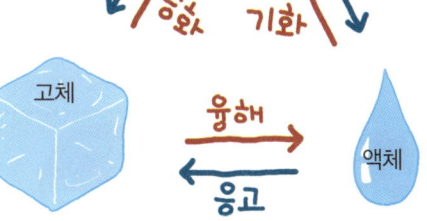

엄마와 함께 하는 쿠킹 타임

중탕 달걀찜

부드럽고 맛있는 영양 덩어리

|재료|
달걀 2개

|육수 재료|
가다랑어포 우린 물 300ml, 청주 1T,
설탕 약간, 소금 약간

|장식용 재료|
빨강 파프리카와 노랑 파프리카 약간,
쑥갓 한 줄기, 적양배추 약간

> **사이언스 쿠킹 포인트**
>
> 달걀찜을 만드는 방법은 달걀물이 담긴 그릇을 불에 직접 올려서 하는 것과 물이 담긴 솥에 그릇을 넣고 하는 것이 있어. 그런데 불에 직접 올린 달걀찜은 자칫하면 타기 쉬워. 그런데 찜기 안에서 하면 타지 않아. 왜 그럴까? 똑같이 가스 불에 올려놓았는데 말이야.

|요리 방법|

❶ 가다랑어포를 뜨거운 물에 20분 동안 우려서 육수를 만든다.

❷ 달걀을 곱게 풀어 육수와 청주, 설탕, 소금을 넣어 저어 준다.

❸ 달걀물을 고운 체에 거른다.

❹ 숟가락으로 떠서 달걀물의 거품을 제거한다.

❺ 찜그릇에 달걀물을 붓는다

❻ 김이 오른 찜통에 찜그릇을 넣고 중불 이하에서 10분 정도 찐다.

❼ 달걀찜 위를 준비한 채소로 예쁘게 장식한다.

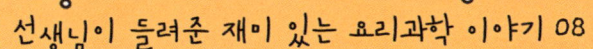
선생님이 들려준 재미 있는 요리과학 이야기 08

기화열로 만드는 맛있는 달걀찜!

물이 끓는 상태가 어떤지는 다들 알고 있을 거야. 물의 표면이 출렁이며 김이 오르고 밑에서는 기포가 방울방울 솟아오르는 걸 물이 끓는다고 하지. 이렇게 액체가 끓어오르는 온도를 끓는점이라고 해. 끓는점은 물질마다 각기 달라. 예를 들어 물의 끓는점은 100도인데, 에틸알코올의 끓는점은 78.3도야. 즉, 에틸알코올은 물보다 낮은 온도에서 끓어오른다는 거지.

물의 끓는점이 100도라는 말은 물이 끓을 때 100도가 계속 유지된다는 뜻이야. 어떻게 가스불이 계속 열을 전달하는데 온도가 변함없이 100도가 유지될까? 그 이유는 물의 기화 현상에서 찾을 수 있어. 물이 열에너지를 받으면 액체에서 수증기인 기체로 되어 날아간다고 했잖아? 이걸 기화라고 한 건 기억하지? 가스 불에서 전달된 열은 물이 수증기로 변할 때 사용돼. 물이 열에너지를 받아서 100도가 넘으려 해도 열에너지가 계속 수증기를 만드는 데 사용되니까 물의 온도가 100도에서 멈춰 있는 거야. 이렇게 액체에서 기체로 될 때 흡수하는 열에너지를 기화열이라고 해. 기화열로 인해 물은 끓는점인 100도를 계속 유지한단다.

달걀찜을 할 때 달걀물이 든 그릇을 불 위에 바로 얹으면 밑은 타고 위는 익지 않아서 요리를 망치기 쉬워. 그런데 달걀물이 든 그릇을 물이 들어 있는 솥 안에 넣고 끓이면 온도가 더 이상 올라가지 않고 계속 100도로 유지돼. 덕분에 달걀이 타지 않고 맛있는 달걀찜이 된단다. 맛있는 달걀찜을 만들어 주는 기화열이 고맙지?

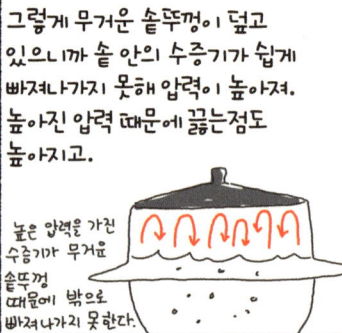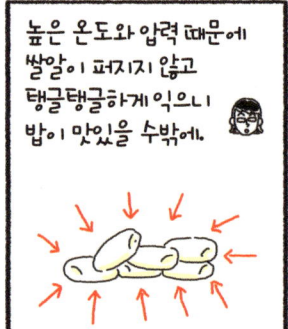

달콤하고 쫄깃한 밥!

약식

|재료|

찹쌀 1kg, 대추 40개, 밤 10개, 잣 3T, 건자두 12개, 건포도 2T, 건감귤 200g, 계핏가루 1+1/2T, 흑설탕 300g, 소금 1/2T, 진간장 7T, 참기름 2T

|요리 방법|

① 찹쌀을 깨끗이 씻어 반나절 정도 불린 후 소쿠리에 건져 물을 뺀다.
② 찜기에 면보를 깔고 찹쌀을 넣어 찐다. 이때 압력솥에서 찌면 더 찰지고 쫄깃한 약식을 만들 수 있다.
③ 50분 뒤 찰밥을 퍼내 뜨거운 물 한 컵에 흑설탕, 참기름, 간장, 소금을 넣어 저어 준 뒤 찰밥과 함께 섞어 준다.
④ 양념을 섞은 찰밥에 견과류, 건과일을 함께 섞은 뒤 다시 찜기에 넣고 50분 정도 더 쪄 준다.

사이언스 쿠킹 포인트
압력솥에서 찌면 왜 더 쫄깃해질까? 압력솥은 왜 압력솥이라고 부를까?

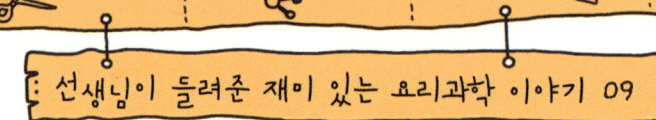
선생님이 들려준 재미 있는 요리과학 이야기 09

압력이 약해지면 끓는점도 낮아진다!

온도와 압력이 물질의 상태를 변하게 한다고 말한 거 기억하니? 열에너지를 받아 온도가 높아지면 물질이 고체에서 액체로, 액체에서 기체로 상태가 변하지. 이때 압력이 달라지면 물질의 상태가 변하는 데도 영향을 미쳐. 물질이 끓어오르려고 할 때 압력이 높아지면 분자들이 그 압력 때문에 자유롭게 기화되지 못하겠지? 그래서 더 높은 열에너지를 받아야만 비로소 물이 끓고 기화가 일어나. 즉, 압력이 높으면 더 높은 온도가 되어야만 물이 끓는다는 거야. 이 말은 끓는점이 높아진다는 것을 뜻해.

반대로 물질을 누르는 압력이 보통 때보다 낮으면, 물 분자들을 누르는 힘이 약하니까 자유롭게 공중으로 날아오르기 쉬워. 그래서 평소보다 열에너지를 덜 받아도 더 쉽게 끓고 더 쉽게 기화가 이루어지지. 즉, 압력이 낮으면 더 낮은 온도에서도 물이 끓는다는 거야. 이 말은 끓는점이 낮아진다는 것을 뜻해.

공기가 누르는 힘, 기압

그렇다면 여기서 압력은 무엇을 말하는 걸까? 바로 공기가 누르는 힘, 즉 기압이야. 공기는 보이지 않을 정도로 아주 작고 가볍지만 1000킬로미터나 높이 쌓여 있다면 문제가 달라지지. 실제로 공기가 지상의 물체에 가하는 힘은 1제곱센티미터의 넓이에 1킬로그램이나 돼. 이것은 초등학생 손바닥 위에 어른 한 명이 올라가 누르는 힘이지.

우리가 이렇게 높은 압력을 전혀 느끼지 못하는 건 공기의 압력에 완벽히 적응했기 때문이야. 우리의 생활 역시 이런 압력으로 인해 생긴 환경에 맞게 이루어져 왔어. 물이 100도에서 끓는 환경에 맞춰 그 온도에서 가장 맛있게 쌀을 익힐 수 있는 요리 방법을 개발한 거지.

산에서 맛있는 밥을 짓기 위해서는 돌이 필요해

그런데 평소 우리가 받는 것보다 압력이 낮은 곳이 있어. 바로 높은 산이야. 평지에서 대기권 끝까지가 1000킬로미터라면 산꼭대기에서 대기권 끝까지의 높이는 산 높이만큼 줄어들기 때문이지. 그만큼 공기가 없는 것이니 공기가 누르는 압력인 기압 역시 낮아져. 이렇게 기압이 낮은 곳에서는 물이 100도보다 낮은 온도에서 끓어. 쌀이 물과 함께 제대로 익는 온도가 100도야. 그런데 높은 산에서 밥을 하면 그것보다 낮은 온도에서 물이 끓어 버려. 그래서 쌀이 온전히 익지 않아서 설익은 밥이 되어 버린단다.

이때 냄비 뚜껑에 돌을 얹어 놓으면 낮은 온도에서 기화된 수증기가 빠져나가지 못하고 냄비 안에 갇히면서 냄비 안의 압력을 높게 만들어. 즉, 기압으로 채워 주지 못한 압력을 냄비 안에 갇힌 수증기의 압력이 대신해 주는 거지. 높은 산에서 밥을 할 때 이렇게 돌을 이용하면 맛있는 밥을 할 수 있어.

돌을 올려놓아 압력을 높이는 것과 같은 원리를 이용하는 조리 도구가 있어. 바로 압력 밥솥이야. 압력 밥솥은 솥뚜껑을 꽉 조여서 수증기가 빠져나가지 못하게 만드는 거야. 수증기가 빠져나가지 못하면서 솥 안의 압력이 높아지고 높아진 압력으로 인해 끓는점이 높아지지. 높은 온도와 압력은 밥알이 퍼지는 걸 막아 더욱 탱글탱글하고 차진 밥을 만들어 준단다.

10. 어는점
찌까뽀까인의 음모

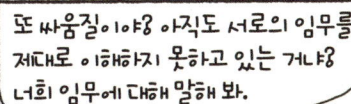

엄마와 함께 하는 쿠킹 타임

블루베리 아이스크림

냉동실에 넣지 않고
맛있는 아이스크림 만들기

|재료

우유 250ml, 블루베리 7~8알,
크기가 다른 볼 두 개, 조각 얼음,
굵은 소금 1컵, 거품기, 설탕 1+1/2T

사이언스 쿠킹 포인트

물이 어는 온도는 0도야.
그런데 0도에서도 얼지 않는
물이 있지. 바닷물이 바로 그거야.
바닷물은 왜 0도에서
얼지 않을까?

|요리 방법|

① 조각얼음을 믹서기에 넣고 살짝만 간다.

② 큰 볼에 믹서기에 간 얼음을 넣고 소금을 넣어 섞어 준다.

③ 작은 볼에 우유, 간 블루베리, 설탕을 넣고 섞어 준다.

④ 재료를 담은 작은 볼을 큰 볼 위에 올려놓고 거품기를 이용해 한 방향으로 돌려 준다.

⑤ 한참을 돌리면 작은 볼 안의 우유가 얼면서 아이스크림이 된다.

⑥ 아이스크림을 그릇에 담고 블루베리와 웨하스, 초콜릿 과자 등으로 장식해 내놓는다.

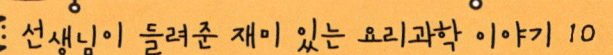
선생님이 들려준 재미있는 요리과학 이야기 10

어는점 내림 현상을 이용해 즉석에서 아이스크림을 만들어라!

냉동실 없이 아이스크림을 만드는 데는 어는점 내림이란 과학 원리가 숨어 있어. 여기서 어는점이란 물질이 어는 온도야. 따라서 어는점 내림이란 어는 온도가 원래 얼던 온도보다 낮아진다는 말이지. 왜 이런 현상이 생길까?

물의 어는점과 녹는점은 0도로 같아. 0도에서 얼거나 녹기 시작한다는 말이지. 물질은 저마다 다른 어는점(녹는점)이 있어. 물의 어는점은 0도, 소금의 어는점은 800도, 이렇게 말이지. 따라서 어는점은 끓는점처럼 어떤 물질의 고유한 특성이라고 할 수 있어.

그런데 물질의 고유한 특성인 어는점이 낮아지는 경우가 있어. 순수한 물에 어는점이 다른 소금이 섞일 때가 그런 경우야.

얼음이 섞인 물에 소금을 넣기 전, 물의 온도는 어는점(녹는점)인 0도! 여기서 얼음은 천천히 녹고 있었지. 여기에 소금을 넣으면 나트륨 이온과 염화 이온 형태가 되어 물 분자 사이로 빠르게 녹아들어가. 그런데 소금은 자신이 녹는 과정에서 얼음이 녹는 데 필요한 열을 빼앗아. 한참 나른하게 녹던 얼음은 열을 빼앗기고 당황해. 거기다 나트륨 이온과 염화 이온들은 물 분자 사이에 끼어들어 물이 녹는 것을 방해해. 자기와 어는점이 다르다는 이유로 말이야. 물은 하는 수 없이 0도를 포기하고 더 낮은 온도로 움츠러들어. 물의 원래 어는점인 0도보다 훨씬 차가운 영하 20도까지 말이야. 어는점 내림 현상이 나타나는 거지.

영하 20도까지 차가워진 물은 맞닿아 있는 볼 속 우유에서 열을 빼앗아. 그래서 냉동실이 아니면 얼지 않던 우유가 얼어 맛있는 아이스크림이 되는 거야. 여기서 잠깐! 앞서 소금이 물에 녹기 위해 물에서 빼앗는 열을 용해열이라고 해. 또 얼음이 녹기 위해 사용하는 열을 융해열이라고 한단다.

11. 대류

멸치 똥의 맛은 쓰다

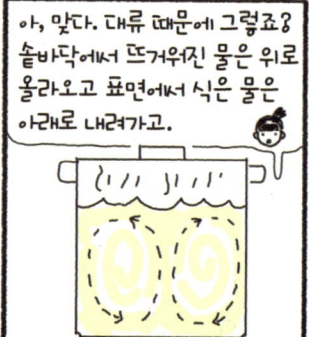

농어찜

대류를 이용해 만드는 제철 생선 요리

|재료|

농어 1마리, 파 흰 부분 5대, 청·홍고추 5개씩, 당근 약간,
미나리 한 줌, 생강 한 톨, 통후추 40알, 노랑 파프리카 약간,
레몬 약간, 청주 2T, 식용유 2국자 반

|소스 재료|

간장 3큰술, 청주 1큰술, 치킨스톡 1큰술, 설탕 1큰술, 물 1/2컵,
후춧가루 약간

사이언스 쿠킹 포인트

삶는다는 건 식재료를 끓는 물에 넣어 익히는 것이고, 굽는다는 건 식재료를 불 위나 뜨거운 철판 위에서 익히는 거지. 찐다는 건 끓는 물 조금 위에 식재료를 놓고 익히는 거야. 뜨거운 물이나 불에 직접 닿지 않은 식재료가 익는 원리는 뭘까?

|요리 방법|

① 농어의 비늘과 내장을 정리하고, 생선 속을 흐르는 물에 깨끗이 씻어 준다.

② 미나리는 깨끗이 씻어 물을 빼고 5센티미터 길이로 썬다.

③ 청·홍고추, 노랑 파프리카, 파 등을 5센티미터 길이로 채썬다.

④ 분량대로 준비한 소스 재료를 냄비에 넣고 끓인다.

⑤ 젖은 면보를 깐 찜통에 농어와 편으로 썬 생강과 통후추를 넣어 30분간 찐다.

⑥ 다 쪄진 농어를 프라이팬에 넣고 뜨거운 식용유를 두어 번 끼얹어 준다.

⑦ 농어를 완성 접시에 올리고 농어 몸통 위에 준비한 채소들을 올린다.

⑧ 뜨거운 식용유를 채소 위에 끼얹어 농어에 채소향이 배게 한다.

⑨ 미리 끓여 놓은 소스를 농어 주변으로 둘러 가며 뿌려 준다.

찜 요리할 때 유의 사항

찜기에 생선을 찔 때 주의할 게 두 가지가 있어. 첫째, 찜기에 김이 모락모락 올라왔을 때 생선을 넣고 센 불에서 단숨에 쪄야 한다는 거야. 약한 불에서 찌면 찜통 안의 온도가 서서히 오르는 동안 생선에서 맛과 영양 성분이 빠져나와 맛이 없어지고 생선 비린내도 남게 되지. 둘째, 생선이 다 쪄지기 전에는 뚜껑을 열어서도 안 된다는 거야. 뚜껑을 여는 순간 수증기가 찬 공기와 만나 물방울이 되어 그 물방울이 생선 위에 떨어지고 생선에 물기가 스며들어 결국 밍밍하고 맛이 없는 생선찜이 되고 말지.

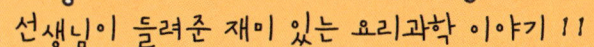
선생님이 들려준 재미있는 요리과학 이야기 11

생선을 골고루 익히는 대류

오늘의 요리는 생선찜! 찜이란 뜨거운 수증기를 이용해 음식 재료를 익히는 요리 방법이야. 뜨거운 수증기가 재료를 감싸고 열에너지를 계속 전달해서 익히려면 수증기가 달아나지 못하도록 뚜껑을 꼭 닫아 두는 것이 중요해. 뚜껑을 꼭 닫아 둔 솥 안에서는 대류라는 열 전달 현상이 일어나 음식 재료를 골고루 익혀 주지.

열을 받아 가벼워진 수증기는 솥의 윗부분으로 올라가. 그리고 온도가 낮은 솥의 윗부분에 닿아 식으면 무거워져서 아래로 내려와. 솥의 윗부분은 바깥 공기에 닿아 있으니까 온도가 솥의 아랫부분보다 낮지. 이렇게 온도가 높아진 수증기는 위로 올라가고 온도가 낮아진 수증기는 아래로 내려오는 식으로 빙글빙글 돌지. 그러면서 중간에 놓여 있는 요리 재료에 계속 열을 전달하는 거야. 이것이 바로 대류 현상이야. 대류란 열을 받은 기체나 액체가 위로 올라가고 식은 기체나 액체는 아래로 내려오는 식으로 순환하며 열이 옮겨가는 방식이야.

여기에 바로 찜 요리의 특징이 있어. 밀폐된 용기 안에서 수증기가 계속 열을 받으면 온도가 100도보다 훨씬 위로 올라가. 그런데 솥은 어느 정도 틈이 있어서 수증기가 조금씩 빠져나가 100도 정도의 온도를 유지하지. 즉, 100도 정도의 일정한 온도로 재료가 익다 보니 타지 않으면서 골고루 잘 익는 거야. 보통 불 위에서 직접 익히면 겉은 타고 속은 안 익는 경우가 있는데 찜으로 요리하면 그럴 염려가 없지. 또 물에 넣고 삶으면 재료의 맛과 영양 성분이 물에 녹아 빠져나가서 맛이 덜해지는데 찌면 재료 고유의 맛을 고스란히 간직할 수 있어. 바로 이 점이 찜 요리의 장점이란다.

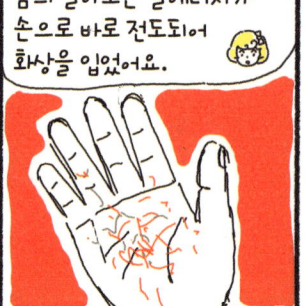

알감자 로즈마리 버터구이

동글동글 작고 맛있는 알 감자

|재료|

알감자 20개, 버터 25g, 설탕 2T, 소금 1/2T, 로즈마리 약간, 식용유 약간

|요리 방법|

① 깨끗이 씻은 감자를 솥에 넣고 감자가 겨우 잠길 정도로 물을 붓는다. 소금을 넣어 10분 정도 삶아 70퍼센트 정도까지만 익힌다.

② 기름을 두른 팬에서 삶은 감자를 노릇노릇하게 굽는다.

③ 팬에 버터와 로즈마리를 넣고 노릇하게 익은 감자를 한 번 더 굽는다.

④ 설탕을 뿌리고 설탕이 녹을 때까지 살살 굴린 다음 접시에 예쁘게 담아 낸다.

> **사이언스 쿠킹 포인트**
> 뜨거운 팬에 감자를 올려놓으면 팬에 직접 닿은 부분만 갈색으로 변해. 이것은 감자 안에 있는 녹말이 열을 받아 당으로 변하기 때문인데 이런 현상을 캐러멜화라고 해. 그런데 왜 팬에 직접 닿은 부분만 이런 현상이 일어났을까?

:: 선생님이 들려준 재미 있는 요리과학 이야기 12

물체에서 물체로 직접 열을 전해 주는 전도

　냉장고에서 차가운 달걀을 꺼내 가만히 손에 쥐고 있어 봐. 조금 있으면 차갑던 달걀은 따뜻해지고 따뜻했던 손은 차가워지지? 그것은 손에 있던 열이 달걀로 전해졌기 때문이야. 열은 온도가 높은 곳에서 낮은 곳으로 전해지는데, 이렇게 직접 닿아서 열이 전해지는 걸 전도라고 해. 어묵이 끓고 있는 솥에 걸쳐 놓았던 국자를 만졌을 때 뜨거워서 깜짝 놀란 적 있지? 그것도 역시 열의 전도인데, 온도가 높은 솥에서 온도가 낮은 국자로 열이 이동한 거야.

　그럼 전도가 일어나는 과정을 살펴볼까? 우선 물체에 불이 닿으면 열에너지가 전달된 부분에 있는 원자의 전자가 부르르 떨려. 전자가 열을 받은 거지. 그러면 떨리는 전자의 사방에 붙어 있는 원자의 전자들에 떨림이 전해져. 떨림을 전해 받은 전자들이 또 사방에 있는 전자들에게 떨림을 전달해. 이렇게 사람들이 나란히 서서 물동이를 옮기듯이 옆에서 옆으로 에너지를 전하면서 열이 퍼지는 거지.

가스레인지의 열이 프라이팬을 통해 감자로 전해진다.

그런데 열이 전달되는 정도는 물질마다 달라. 여러 물질 중에서 금속이 열을 가장 잘 전달해. 물질이 열을 전달하는 정도를 열전도율이라고 하는데, 열을 잘 전달하면 전도율이 높다고 해. 그러니까 금속의 열전도율이 높다는 얘기지. 반대로 나무나 플라스틱 등은 열전도율이 낮아서 열이 잘 전달되지 않아. 이런 전도율의 차이를 이용해 만든 생활 도구가 있어. 나무나 플라스틱 손잡이가 달린 금속 냄비가 그 예란다. 냄비의 몸체는 금속이어서 열을 잘 전달하니까 음식을 빨리 끓일 수 있고, 손잡이는 열을 잘 전달하지 않으니까 손으로 잡을 때 덜 뜨겁지. 헝겊도 열을 잘 전달하지 않아. 그래서 뜨거운 그릇을 옮길 때 헝겊으로 된 주방용 장갑을 사용하는 거야.

더 이상 열이 이동하지 않는 열평형

온도란 열에너지를 갖고 있는 정도를 말해. 온도가 높다는 것은 열에너지를 많이 갖고 있다는 뜻이고, 온도가 낮다는 것은 열에너지를 적게 갖고 있다는 뜻이지. 보통 물체에 열에너지가 많으면 뜨겁다고 하고 열에너지가 적으면 차갑다고 하지. 그런데 열은 온도가 높은 따뜻한 물질에서 온도가 낮은 차가운 물질로 전달돼. 따뜻한 손에서 차가운 달걀로 열이 전달되듯이 말이야. 이런 열의 이동은 맞닿아 있는 두 물질의 온도가 같아질 때까지 계속돼. 그러다 두 물질의 온도가 똑같아지면 열은 더 이상 이동하지 않아. 손의 온도와 달걀의 온도가 똑같아지면 더 이상 열이 전달되지 않는다는 거야. 이렇게 두 물질이 온도가 같아져서 더 이상 열이 이동하지 않는 상태를 '열평형'이라고 해.

엄마와 함께 하는 쿠킹 타임

뱅어포 구이

직화로 구워서 불맛이 가득!

|재료|
뱅어포 3장

|양념장 재료|
고추장 2T, 설탕 1+1/2T, 간장 1/2T, 참기름 1/2T, 다진 마늘 1/2T, 청주 1T, 생강즙 약간, 깨소금 1/2T

|요리 방법|
① 뱅어포를 손바닥으로 비벼 부스러기와 먼지를 털어 낸다.
② 준비한 양념장 재료를 모두 섞어서 양념장을 만든다.
③ 양념장을 뱅어포에 고르게 펴발라 잠시 재워 둔다.
④ 양념이 밴 뱅어포를 석쇠에 얹고
   불에 직접 닿지 않은 상태로 살짝 굽는다.
⑤ 다 구워진 뱅어포를 먹기 좋은 크기로 잘라 접시에 담아낸다.

사이언스 쿠킹 포인트
뱅어포가 불에 직접 닿지 않았는데 구워졌어. 어떻게 된 일일까?

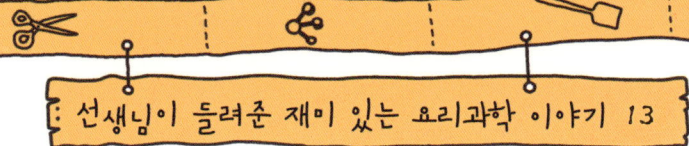
선생님이 들려준 재미 있는 요리과학 이야기 13

바로 열을 전하는 복사

고기를 굽는 방법은 프라이팬이나 돌판 등을 달궈서 간접적으로 굽는 방식과 숯불 위에서 직접 굽는 방식이 있지. 간접구이는 불이 판을 뜨겁게 만들고 그 열이 고기에 옮겨지면서 고기를 익히는 거야. 반면 직접 굽는 방식은 숯불에서 쏘아져 나오는 적외선으로 고기를 굽는 거야. 이렇게 거리를 두고 그 사이에 돌판이나 물과 같이 열을 옮겨 주는 물질 없이 열이 직접 전달되는 것을 복사라고 해.

직화구이

대표적인 예가 태양의 빛, 즉 햇빛이 텅 빈 우주 공간을 지나 지구에 전해지는 거지. 햇빛은 가시광선, 자외선, 적외선 등의 여러 가지 전자기파로 이뤄져 있어. 이 가운데 가시광선은 빨주노초파남보의 여러 빛깔을 가진 전자기파이고, 적외선은 열을 가진 전자기파야. 태양의 열에너지인 이 적외선이 중간에 열을 전달해 주는 어떤 물질도 없이 복사되어 지구에 전해지지.

복사를 통해 열에너지를 전달하는 것은 태양뿐만이 아니야. 겨울에 손이 시려 난로에 손을 쬐면 따뜻해. 이때 우리 손이 따뜻해지는 것은 바로 난로의 열선에서 방출된 열에너지가 곧바로 손으로 복사된 덕분이지. 사람도 복사 에너지를 방출하는데, 친구들과 가까이 있으면 더 더운 것도 친구들의 몸에서 방출된 열이 복사된 때문이란다.

전자기파란 무엇일까?

　전자기파란 전기장과 자기장이 파도처럼 높낮이를 가지고 출렁이며 움직이는 거야. 물질은 양(+)전하를 띤 원자핵과 음(-)전하를 띤 전자로 이루어져 있는데, 양전하와 음전하는 각각 양전기, 음전기라고 할 수도 있어. 이 전기가 일정한 간격을 가지고 진동하면서 전기의 힘이 생기고, 이 힘이 움직이는 범위를 전기장이라고 해. 이렇게 생긴 전기장은 자석과 같은 힘을 가진 자기장을 이끌어내고 이 자기장이 다시 전기장을 이끌어내는 식으로 퍼져나가지. 마치 연못에 돌을 던지면 물결이 출렁이며 퍼져나가는 것과 같다 하여 전기장과 자기장의 파도, 즉 전자기파라고 불러. 이렇게 출렁이며 전진하던 전자기파가 어떤 물질에 부딪치면 그 물질에 자신이 갖고 있던 에너지를 전하게 되는 거란다.

숯불에 고기를 구우면 왜 더 맛이 있을까?

　삶거나 불판을 통해 고기를 익히는 것보다 숯불에 직접 고기를 굽는 것이 더 맛있어. 왜일까? 이유는 숯불에서 아주 높은 열을 가진 적외선이 나와 고기에 직접 닿는데, 이때 고기의 단백질이 높은 온도 때문에 순간적으로 굳어. 이렇게 굳은 단백질이 일종의 막처럼 고기를 감싸서 고기 안의 육즙이 빠져 나오지 않게 해주지. 그래서 겉은 굳어서 바삭하고, 안은 구수한 육즙이 풍부하게 남아 부드러워. 또 숯불에서 나오는 적외선은 사방으로 퍼지면서 열을 전하기 때문에 고기가 골고루 익는단다. 여기에 숯불의 향이 고기에 흡수되어 더욱 풍미를 좋게 만들고 말이야.

봄꽃처럼 어여쁜 떡

진달래 화전

|주재료|

진달래 꽃잎 7장, 찹쌀가루 150g, 소금 약간, 팔팔 끓인 물 약간

|부재료|

시럽 또는 참기름이나 꿀, 식용유 적당량

|요리 방법|

① 진달래꽃의 꽃술을 떼어내고 꽃잎이 다치지 않게 살살 물로 씻은 다음 물기를 닦는다.
② 찹쌀가루를 뜨거운 물로 익반죽해서 둥글납작하게 빚는다.
③ 빚어 놓은 찹쌀 반죽을 프라이팬에 올리고 약한 불로 지진다.
④ 찹쌀반죽이 충분히 익으면 불을 끈 다음
   화전 위에 살포시 진달래 꽃잎을 얹는다.
⑤ 솔을 이용해 앞뒤로 꿀을 바르고 서로 겹치지 않게 접시에 담아낸다.

사이언스 쿠킹 포인트

익히지 않은 반죽을 먹어 봐.
맛이 없을 거야. 익은 것을 먹어 봐.
열을 가했을 뿐인데, 맛있어졌지?
반죽 속에서 무슨 일이
벌어진 걸까?

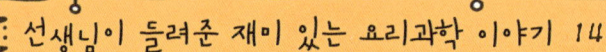
선생님이 들려준 재미있는 요리과학 이야기 14

예쁘고 맛있는 화전을 만들어라!

화전 만들기에서 중요한 점은 꽃 모양이 예쁘게 나와야 한다는 것과 반죽할 때 팔팔 끓는 물을 넣어 반죽을 해야 한다는 거야. 꽃 모양이 예쁘게 나오도록 하려면 화전을 앞뒤로 완전히 익힌 다음 꽃잎을 얹어야 해. 꽃잎을 직접 지지는 게 아니라 화전에 남아 있는 열로 살짝 익히는 거지. 또 반죽할 때 팔팔 끓는 물을 넣어 반죽해야 점성이 생겨서 모양이 쉽게 만들어져. 여기서 점성이란 물질의 끈끈한 성질을 말하는데, 반죽이 되려면 점성이 생겨야 서로 잘 엉겨 붙지. 밀가루에는 글루텐이란 성분이 있어서 그것이 밀가루 입자들을 서로 엉겨 붙게 만들지만 쌀에는 그런 성분이 없어서 뜨거운 물로 점성을 만들어 주는 거야. 이렇게 찹쌀이나 멥쌀 같은 곡류의 가루를 반죽할 때 찬물이 아닌 끓는 물로 반죽하는 것을 익반죽이라고 해.

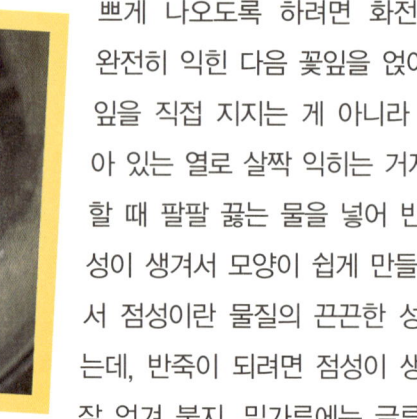
익반죽

그렇다면 익반죽을 한 찹쌀가루에 점성이 생기는 이유는 뭘까? 그건 찹쌀가루에 끓는 물을 넣어 반죽하면 찹쌀가루 속 녹말에 호화가 일어나기 때문이란다.

호화란 녹말에 물을 넣고 열을 가하면 부풀어서 부피가 커

완성된 화전

지면서 점도가 높아지고 반투명한 상태가 되는 현상을 말해. 쌀에 물을 붓고 끓이면 밥이 되는데 밥은 쌀과 달리 반투명하고 말랑말랑하며 끈적하게 달라붙는 상태가 되는 건 누구나 알 거야. 당연히 생쌀보다 먹기도 좋고 맛도 좋지.

녹말의 호화와 노화를 알아볼까?

호화는 녹말에 어떤 변화가 생기기에 나타나는 현상일까? 쌀의 주성분인 녹말은 아밀로스 분자와 아밀로펙틴 분자로 이루어져 있어. 그런데 생쌀인 상태에서는 이 분자들이 일정한 간격으로 빽빽하게 모여 있어. 이것을 베타 녹말이라고 해. 베타 녹말에 물을 넣고 열을 가하면 열에너지에 의해 빽빽하게 모여 있던 분자들의 사이가 벌어지고 그 사이로 물 분자가 들어가지. 분자들 사이가 물로 채워지면서 서로 꽉 붙어서 딱딱하던 상태가 느슨해져서 쌀이 말랑해지지. 또 물로 채워진 부분은 투명하고 녹말은 불투명하니까 전체적으로는 반투명하게 보이는 거야. 이렇게 말랑하고 반투명하게 변한 녹말을 알파 녹말이라고 해. 즉, 호화란 베타 녹말이 알파 녹말로 변하는 현상이란다.

이렇게 호화가 일어나 말랑하고 맛있는 알파 녹말로 변한 밥을 실온에 그냥 두면 온도가 낮아지고 수분이 빠져 나가지. 그러면 녹말 입자들이 다시 일정한 간격으로 빽빽하게 모여서 베타 녹말 상태로 돌아가. 이것을 노화라고 하는데, 노화된 밥은 생쌀일 때처럼 딱딱하고 맛이 없어져. 밥을 맛있는 알파 녹말 상태로 계속 있게 하려면 밀폐된 용기에서 일정한 온도를 유지해야 하지. 밥을 알파 녹말 상태를 유지하기 위해서 사용하는 것이 바로 보온 밥통이야.

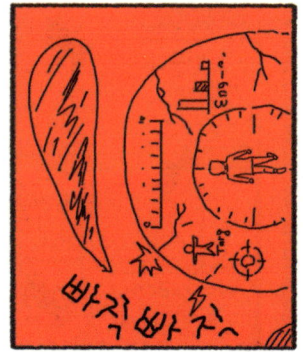

엄마와 함께 하는 쿠킹 타임

삼색나물 비빔밥

알록달록 색깔도 예쁘지만 맛은 더 좋다!

|재료|
밥 1공기, 콩나물, 시금치나물, 무나물, 달걀 1개

|양념장 재료|
고추장 1T, 간장 1/2T, 매실액 1T, 다진마늘 1/2T, 참기름 1T, 고춧가루 1/2T, 깨소금 1T, 설탕 1T, 다시마 육수 2T

사이언스 쿠킹 포인트
채반 위에 있던 물이 위에서 아래로 떨어져. 당연하다고? 그럼 아래로 떨어지는 이유는 뭘까?

|요리 방법|

❶ 소금을 약간 넣은 물에 콩나물을 데친 다음 건져서 얼음물에 담근다. 콩나물이 아삭해지면 체반에 밭쳐 물기를 뺀다.

❷ 소금을 약간 넣은 물에 시금치를 데친 다음, 찬물에 헹구고 물기를 꼭 짠다. 약하게 소금으로 간을 해서 무친다.

❸ 채 썬 무를 기름을 두른 프라이팬에 넣고 소금 간을 해서 볶는다. 중간에 뚜껑을 덮고 약불에서 익힌 다음 다진 마늘을 넣고 적당히 뒤적여 마무리한다.

❹ 완성 그릇에 밥 한 공기를 펴서 담고 그 위에 삼색나물을 예쁘게 펴서 올린다.

❺ 준비된 양념장을 얹고 달걀 프라이를 해서 올린다.

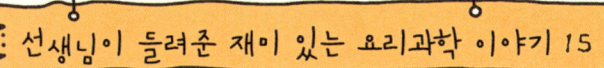

선생님이 들려준 재미있는 요리과학 이야기 15

중력이란 무엇일까?

거의 다 먹은 참기름병을 거꾸로 놓으면 남은 참기름이 아래로 흘러내려. 이렇게 기름이 아래로 흘러내리는 것은 중력 때문이야. 물건을 공중에서 놓으면 땅으로 떨어지는 것도 중력 때문이지. 중력은 질량이 있는 물체를 지구가 잡아당기는 힘이야. 모든 질량이 있는 물체는 잡아당기는 힘을 가지고 있는데, 모든 것에 그 힘이 있다고 해서 만유인력이라고 해.

중력이 잡아당기지 않는다면 지구 위의 모든 물체는 우주 공간으로 흩어져 버릴 거야. 중력이 우리를 단단히 잡아 주기 때문에 우리가 지구 위에서 생활할 수 있는 거지. 비가 내리는 것도 빗방울을 지구의 중력이 잡아당기면서 나타나는 현상이야. 중력은 비뿐만 아니라 보이지 않는 공기까지 지구 쪽으로 잡아당기고 있어. 그렇지 않으면 공기 입자들은 모두 우주 공간으로 날아가 버려서 대기가 생기지 않았을 거야.

중력은 이렇듯 우리가 살 수 있는 여러 조건들을 만들어 주지만 우리를 죽거나 다치게도 할 수 있어. 높은 곳에서 떨어지는 것도 중력의 작용이거든. 이렇게 잡아당기는 힘에 의해 땅과 충돌하면 크게 다치거나 죽을 수도 있지.

밤하늘을 환하게 비추는 달도 사실 지구의 중력 덕분에 멀리 달아나지 않고 지구 둘레를 도는 거야. 마찬가지로 인공위성도 지구가 잡아당기는 힘 때문에 우주 공간으로 멀리 떨어져 나가지 않는 거지.

우리 생활에도 중력을 이용하는 것이 많은데, 물에 씻은 채소를 채반에 밭쳐서 물을 빼는 경우가 그래. 채소를 채반에 밭쳐 놓으면 채소와 채소에 묻은 물을 지구가 잡아당기는데 채소는 채반에 걸려서 더 이상 아래로 떨어지지 않지만 물은 채반의 구멍을 통해서 아래로 떨어지지. 그래서 채소에서 물만 빼낼 수 있는 거야.

상큼한 채소와 달콤한 방울토마토의 조화

방울토마토 채소 샐러드

|주재료|

방울토마토 20알, 어린잎 채소, 양상추, 비타민

|소스 재료|

올리브유 3T, 식초 3T, 설탕 3T, 다진 복숭아 피클 1+1/2T,
다진 양파 3T, 레몬즙 1T, 매실청 2T, 설탕 1T,
파슬리 가루 한 꼬집, 소금 약간

사이언스 쿠킹 포인트
탈수기를 돌리면 중앙에 있던 채소들이 모두 가장자리로 몰려. 왜 그럴까?

|요리 방법|

❶ 방울토마토 꼭지를 떼어낸 뒤 열십자 모양으로 살짝 칼집을 낸다. 끓는 물에 굵은 소금을 약간 넣고 칼집을 낸 방울토마토를 살짝 데친 뒤 찬물에 담가 놓았다가 껍질을 벗긴다.

❷ 양파는 잘게 다져 물에 담가 아린 맛을 없앤다. 복숭아 피클은 잘게 다진다. 올리브유, 식초, 설탕, 레몬즙을 넣고 서로 어우러지도록 잘 저어준 다음 나머지 재료를 넣어 소스를 만든다.

❸ 어린잎 채소와 양상추를 깨끗이 씻어 얼음물에 담가 놓는다. 채소가 아삭하게 살아나면 채소를 건져내 채소 탈수기로 물기를 뺀다.

❹ 방울토마토를 소스에 버무려 소스 맛이 배도록 2~3시간 정도 냉장고에 둔다.

❺ 완성 접시에 채소를 깔고 채소 위에 소스에 재워둔 방울토마토를 올린 다음 소스를 뿌려서 낸다.

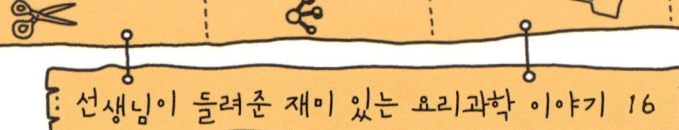
선생님이 들려준 재미있는 요리과학 이야기 16

원심력을 이용해 맛있는 채소의 물기를 빼라!

채소에 묻은 물기를 없애기 위해서는 채소 탈수기를 이용해. 채소 탈수기는 원심력을 이용한 조리 도구야.

빙빙 원을 그리며 돌아가는 물체는 원의 중심에서 멀어져 밖으로 튀어나가려는 힘이 작용한단다. 그 힘을 원심력이라고 해. 채소 탈수기 안에 채소를 넣고 돌리면 채소는 탈수기 안에서 빙빙 돌면서 중심에서 멀어져 탈수기의 걸림망 쪽으로 몰리는데, 이때 채소에 묻은 물도 함께 바깥쪽으로 몰리지. 그런데 채소는 탈수기의 망보다 커서 망에 걸리지만 물은 탈수기의 망보다 작아서 망을 빠져나가. 그래서 채소에 묻어 있던 물기가 사라지지.

채소 탈수기가 뱅글뱅글 돌면서 채소의 물기를 빼요!

이렇게 원심력을 이용해 만든 물건은 채소 탈수기 말고도 세탁기의 탈수기가 있어. 세탁기의 탈수기는 채소 대신 빨래의 물기를 뺀다는 점만 다를 뿐이야. 세탁기의 탈수조가 아주 빠르게 돌면 물에 젖은 빨래는 회전하는 중심에서 벗어나려 바깥쪽으로 몰리지. 이때 빨래는 탈수조에 막혀

롤러코스터

세탁기 밖으로 나가지 못하지만 빨래에 묻어 있던 물은 탈수조의 구멍으로 빠져나가지. 채소 탈수기와 똑같은 원리야.

일상생활에서 원심력을 경험할 수 있는 일은 많아. 버스가 급하게 굽은 길을 돌 때 몸이 회전하는 바깥 방향으로 쏠리는 걸 느낀 적이 있을 거야. 이것도 원심력 때문에 일어나는 현상이야. 짜릿한 놀이기구인 롤러코스터도 원심력을 이용한 거야. 롤러코스터가 거꾸로 뒤집어져도 사람이 떨어지지 않는 이유는 땅바닥으로 잡아당기는 힘인 중력보다 원운동을 하면서 생긴 원심력이 더 크기 때문이야. 물이 든 양동이를 위아래로 크게 원을 그리며 돌려도 물이 쏟아지지 않는 것과 같은 원리야. 양동이가 뒤집어져도 물이 원심력으로 인해 양동이 바닥에 모두 몰려 있거든.

원심력 덕분에 채소의 물도 말끔히 털어내고, 신나는 롤러코스터도 탈 수 있으니, 이제 빙글빙글 도는 걸 보면 반갑게 인사라도 해야겠지?

채소의 물기를 채소 탈수기 외에 체로도 뺄 수 있어요!

17. 마찰력
다른 방향으로 움직이는 마음

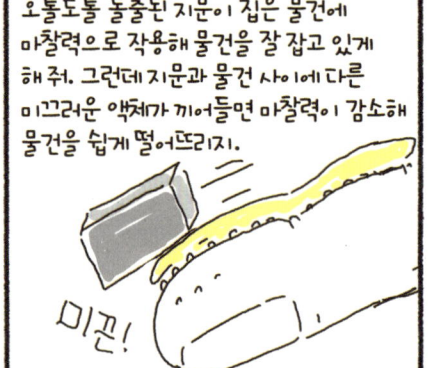

말랑말랑 쫄깃쫄깃 달콤한 맛!

애호박전

|재료|

애호박 2개, 밀가루 반 컵, 달걀 3개, 구운 소금 약간, 식용유 적당량

사이언스 쿠킹 포인트

밀가루를 묻힌 애호박과 묻히지 않은 애호박의 표면 위를 손가락으로 문질러 봐. 어떤 것이 안 미끄럽지? 미끄럽지 않은 이유는 뭘까?

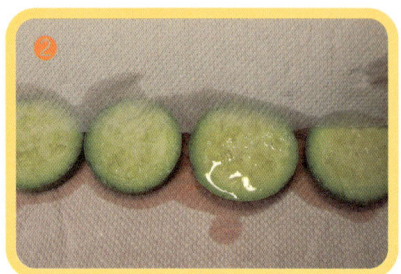

|요리 방법|

❶ 애호박을 깨끗이 씻어 8밀리미터 정도 두께로 자르고 소금을 뿌린다.

❷ 10분 정도 절인 뒤 애호박에서 스며나온 물기를 키친타월로 닦는다.

❸ 뽀송뽀송해진 애호박에 밀가루를 골고루 입히고 덩어리진 것은 살살 털어 준다.

❹ 밀가루를 묻힌 애호박에 흰자와 노른자로 분리해 놓은 달걀 옷을 각각 입혀 달궈진 프라이팬에 지진다.

❺ 노릇하게 익은 애호박전을 완성 그릇에 담아낸다.

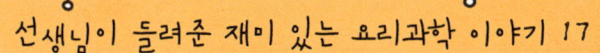
선생님이 들려준 재미 있는 요리과학 이야기 17

움직이지 못하게 널 붙잡아 두겠어!

애호박전을 만들 때 자른 애호박에 밀가루를 묻힌 뒤에 달걀물을 입혔잖아? 마찰력이라는 과학 원리 때문에 그렇게 하는 거야.

자른 애호박은 흘러나온 진액으로 미끈미끈해. 여기에 그냥 달걀물을 입히면 그냥 흘러내려 버리지. 이때 밀가루를 애호박에 묻히면 미끄럽던 애호박의 절단면이 거칠어져. 여기다 달걀물을 입히면 흘러내리지 않고 잘 묻어 있지.

애호박의 미끄러운 절단면을 타고 흘러내리려는 달걀물의 운동을 거친 밀가루 덩어리들이 가로막았어. 이렇게 어떤 물체가 다른 물체 위에서 움직일 때 그것을 방해하는 힘을 마찰력이라고 해.

마찰력은 움직이는 물체의 방향과 반대 방향으로 작용해. 달걀물이 아래로 흘러내리려는 힘을 울퉁불퉁 밀가루 덩어리들이 반대로 못 움직이게 한 것처럼 말이야.

앞에서 보았듯이 마찰력은 물체의 표면이 미끄러울수록 작고, 거칠수록 커. 진액 때문에 미끌미끌한 애호박의 표면은 마찰력이 작아서 달걀물이 쉽게 흘러내렸어. 반대로 밀가루 덩어리로 표면이 거칠어지자 마찰력이 커져서 흘러내리지 않았지.

이런 현상은 우리 주위에 아주 많아. 반질반질 매끄러운 얼음판은 표면의 마찰력이 작아서 미끄러지기 쉽지. 그런데 그 위에 모래를 뿌려서 표면을 거칠게 만들면 마찰력이 커져서 잘 미끄러지지 않아. 자전거 핸들도 마찰력을 이용해. 핸들을 잡은 손이 미끄러지지 않도록 울퉁불퉁하게 만들지.

마찰력을 작게 하는 쪽으로 이용하는 경우도 있어. 워터 파크의 미끄럼틀이 그것이야. 사람들의 엉덩이가 닿는 미끄럼틀의 표면에 항상 물을 흐르게 해서 잘 미끄러지도록 만들었어. 마찰력을 작게 만든 거지. 이렇게 보니 마찰력도 참 재미있는 과학 원리구나.

엄마와 함께 하는 쿠킹 타임

꼬물꼬물 문어가 채소를 만나다!

문어 쌀국수 샐러드

|주재료|
삶은 문어 반 마리,
쌀국수 한 줌

|소스 재료|
간장 3T, 식초 3T, 올리브유 3T,
다진 양파 3T, 다진 마늘 1/4T,
레몬즙 1T, 매실청 2T, 설탕 1T

|채소 재료|
양상추, 노랑 파프리카,
빨강 파프리카, 어린잎 채소,
비타민, 방울토마토

|요리 방법|

❶ 냄비에 쌀국수 양의 5배만큼 물을 붓고 물이 끓어오르면 쌀국수를 넣어 4분 정도 삶는다. 익은 쌀국수를 건져 찬물에 세 번 헹군다. 바구니에 국수를 넣고 위에서 아래로 털어서 물을 빼 준다.

❷ 문어는 먹기 좋은 크기로 얇게 썬다. 비타민과 어린잎 채소는 흐르는 물에 씻어 물기를 빼고, 양상추는 물에 씻은 뒤 먹기 좋은 크기로 잘라 물기를 뺀다. 파프리카는 깨끗이 씻어 5센티미터 길이로 채썬다.

❸ 완성 접시에 채소를 맨 밑에 깔고 그 위에 쌀국수와 문어를 차례로 올린다.

❹ 작은 볼에 소스 재료를 넣고 골고루 섞은 뒤 소스 그릇에 따로 낸다.

사이언스 쿠킹 포인트

국수가 담긴 바구니를 아래로 내리다 갑자기 멈춰 봐. 국수의 무게보다 무언가 더 무거운 힘이 움직이던 방향으로 쏠리는 게 느껴지지 않아? 원래 느꼈던 국수의 무게는 중력 때문이야. 그런데 그 무게보다 더 무겁게 느꼈다면 그 힘은 무얼까?

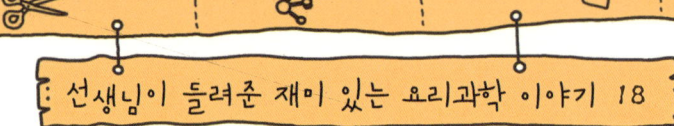
선생님이 들려준 재미있는 요리과학 이야기 18

계속 가거나 그대로 멈춰 있고 싶어!

비빔국수를 만들 때 삶은 국수를 찬물에 헹구지. 그러고 나선 국수에 묻은 물기를 없애야 해. 물기를 제거하지 않으면 국수 표면이 미끄러워 즉, 마찰력이 작아서 양념이 잘 묻지 않아.

그럼 어떤 방법으로 국수의 물기를 없앨까? 어떤 사람은 중력을 이용해 채반에 국수를 밭쳐 놓아서 물기가 빠지길 기다리지. 그런데 수많은 국수 가닥 사이에 촘촘히 묻어 있는 물기는 중력만으로는 잘 빠지지 않아. 이때 관성을 이용하면 국수에 묻어 있는 물기를 빨리 없앨 수 있어.

일단 찬물에 헹군 국수를 구멍이 숭숭 뚫린 바구니에 담아. 그리고 바구니를 아래로 내리다 확 멈추는 거야. 이때 움직이던 방향으로 계속 움직이려는 힘인 관성이 국수와 국수에 묻은 물방울에 작용해. 그런데 국수는 바구니에 걸려서 멈추지만 물방울은 아래로 움직이던 힘 때문에 바구니 구멍을 지나 빠져 나가지. 이렇게 들어 올렸다 내리면서 딱 멈추기를 몇 번 반복하면 국수에 묻은 물방울을 없앨 수 있어.

이것은 마치 자전거를 타고 달리다가 갑자기 브레이크를 잡으면 자전거는 멈추지만 타던 사람의 몸은 앞으로 확 쏠리는 것과 같아. 자전거 브레이크를 잡으면 타이어와 지면 사이에 작용하는 마찰력으로 자전거가 멈춰. 하지만 자전거에 탄 사람에게는 마찰력이 작용하지 않으니까 관성에 의해 계속 움직이려 해. 그래서 몸이 움직이던 방향으로 쏠리는 거야.

위와 반대의 경우도 있어. 자동차를 탔을 때 자동차가 갑자기 움직이면 몸은 움직이는 방향과 반대 방향인 뒤로 쏠리지. 그런데 사실 이것은 반대 방향으로 움직이는 것이 아니라 멈춰 있던 상태 그대로 계속 있으려는 힘이 몸에 작용하는 것인데, 이것도 관성이야. 자동차는 앞으로 나아가는데 몸은 그대로 있으려는 힘이 작용하니 뒤로 쏠리는 거지.

이렇게 움직이던 물체가 계속 움직이던 방향으로 움직이려 하거나, 멈춰 있던 물체가 그 상태 그대로 멈춰 있으려 하는 성질을 관성이라고 해.

익은 달걀과 날달걀을 어떻게 구분할까?

비빔국수를 만들 때 빠져서는 안 되는 것이 있어. 바로 삶은 달걀 반쪽이지. 흰자 가운데 노랗고 동그란 노른자가 박힌 삶은 달걀은 모양도 예쁘지만 국수에 부족한 단백질과 지방을 채워 주지.

그런데 삶은 달걀과 날달걀을 냉장고에 같이 넣었다 꺼내면 어떤 것이 삶은 달걀인지 구분하지 못해서 난감한 경우가 있어. 그렇다고 달걀을 다 깨 볼 수도 없고 말이지. 이럴 땐 달걀을 팽이처럼 빙글 돌렸다가 손가락으로 살짝 눌렀다 놓으면 어떤 게 삶은 달걀인지 알 수 있어.

삶은 달걀은 눌렀다 놓으면 그대로 멈춰 있지만, 날달걀은 눌렀다 놓아도 계속 움직여. 그 이유는 달걀 껍데기 속의 상태가 다르기 때문이지. 삶은 달걀의 경우 겉과 속이 모두 고체 상태이므로 누르면 그 힘이 고체 전체에 균일하게 작용해서 바로 멈추지. 그러나 날달걀의 속은 액체 상태여서 달걀을 누르면 겉껍데기에는 누르는 힘이 작용해서 멈추지만 액체에는 힘이 잘 전달되지 않아. 그래서 겉껍데기가 멈춘 뒤에도 속에 있는 달걀 액체는 관성에 의해 계속 움직이려 하기 때문에 눌렀던 손을 놓아도 날달걀은 계속 도는 거란다.

싱싱한 생선회와 달콤한 초밥의 만남

생선초밥

|주재료|
횟감용 광어 1토막,
삶은 문어 다리 2개

|배합초 재료|
식초, 설탕, 소금

|밥 재료|
쌀 1인분,
다시마 4cm×4cm 2장

|요리 방법|

배합초 만들기

① 식초 : 설탕 : 소금 = 5 : 3 : 1의 비율로 냄비에 넣고 약한 불로 끓인다.

② 숟가락으로 살살 저어 설탕이 녹으면 불을 끄고 차게 식힌다.

사이언스 쿠킹 포인트
다 만들어진 배합초를 먹어 봐. 어떤 맛이 나지? 달고 짭짤하고 시큼하다고? 각각의 맛을 내는 조미료는 무얼까?

초밥 만들기

① 다시마를 젖은 면수건으로 닦아 씻은 쌀과 함께 밥솥에 넣는다.
② 밥물의 양을 조금 적게 잡아 약간 되게 밥을 짓는다.
③ 밥이 다 되면 다시마를 걷어내고 커다란 쟁반 위에 밥을 퍼서 넓게 펼쳐 놓는다.
④ 밥에 배합초를 고루 뿌려 주걱으로 가르듯이 섞어 준다. 이때 부채질을 해주면 밥알이 서로 뭉치지 않고 반지르르하게 코팅이 되어 밥알 하나하나가 살아 있게 된다.

생선 손질하기

① 문어 다리는 5밀리미터 정도 두께로 포를 뜨듯이 얇게 썬다.
② 광어는 두툼하고 길쭉하게 썬다.

생선초밥 만들기

① 손에 배합초를 바르고 한입 크기로 둥글고 길쭉하게 초밥 경단을 만든다.
② 튜브형 고추냉이를 짜 초밥 위에 조금씩 올린다.
③ 준비한 광어와 문어를 올려 살짝 눌러 준다.

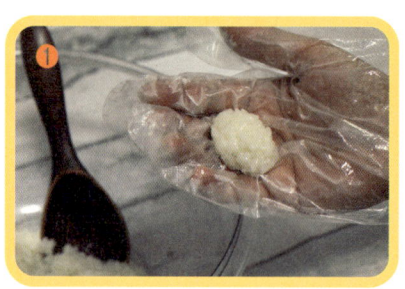 

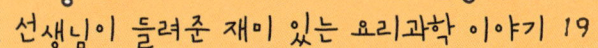

선생님이 들려준 재미있는 요리과학 이야기 19

신맛이 나는 산성, 쓴맛이 나는 염기성

오늘의 요리는 초밥 만들기! 초밥이란 식초밥의 준말이니까 가장 중요한 재료는 당연히 식초겠지? 그런데 식초는 어떻게 만들어지며 왜 신맛이 나는지 궁금하지 않니?

식초는 술을 발효시켜 만들어. 술에 들어 있는 알코올이 아세트산균이란 세균에 의해 발효되어 아세트산으로 돼. 이것이 식초의 원액이야. 여기서 '~산'이란 말은 이것이 산성 물질임을 가리키는 거야. 산성 물질은 대개 신맛이 나는데, 물에 녹으면 수소 이온을 내놓기 때문이야. 수소 이온은 신맛이 나거든.

반면 쓴맛을 내는 염기성 물질도 있어. 산성 물질은 물에 녹으면 수소 이온을 내놓지만 염기성 물질은 물에 녹으면 물에서 수소 이온을 빼앗아 수산화 이온을 만들지. 이 수산화 이온이 쓴맛을 내는 거야.

물에 들어 있는 수소 이온의 농도가 높을수록 강한 산성이라고 하고 수소 이온의 농도가 낮을수록 염기성이라고 해. 그 중간은 말 그대로 중성이라고 하지. 산성, 중성, 염기성은 간단히 수소 이온 농도 지수, 즉 pH로 나타낼 수 있어. 1에서 14까지의 숫자로 나타내는데 1로 갈수록 산성이 강해지고 14로 갈수록 염기성이 강해지지. 가운데 있는 7은 중성을 나타내고 말이야.

산과 염기는 서로 대립하는 성질을 갖고 있어. 이 두 가지 성질을 가진 물질을 섞으면 중성이 돼. 이렇게 산성과 염기성 물질이 섞여 중성이 되는 것을 중화라고 해. 생활에서 중화 반응을 이용하는 경우는 많이 있어. 위산이 많이 분비되어 속이 쓰릴 때 염기성을 띤 제산제를 먹어 위산을 중화시켜서 속쓰림을 가라앉혀. 또 산성인 벌침에 쏘였을 땐 염기성을 띤 암모니아수를 발라 중화시켜서 염증을 없애 주기도 하지. 또 생선에서 나는 비린내의 원인인 트리메틸아민이라는 염기성 물질에 산성인 레몬즙을 뿌리면 비린내가 사라지는데, 이것 역시 중화 반응을 이용한 것이란 말씀!

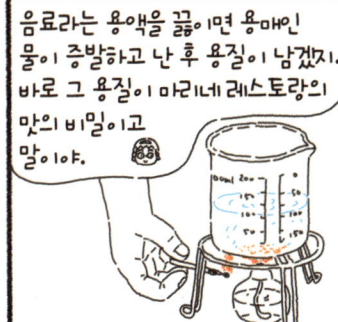

엄마와 함께 하는 쿠킹 타임

멸치육수 어묵우동

시원한 멸치 국물에 쫄깃한 어묵까지

|재료|

우동 200g, 각종 어묵 서너 개, 쑥갓 한 줄기, 국물용 멸치 한 줌, 마른 표고버섯 2개, 다시마 4cm×4cm 2장, 굴소스 약간, 국간장 약간

|요리 방법|

❶ 국물용 멸치를 프라이팬에 볶아 잡내를 없앤다.
  냄비에 물과 표고버섯, 다시마, 멸치를 넣고 센불에 끓이다가 물이 끓어오르면 다시마를 빼내고 중불로 낮춰 10분 정도 더 끓인다.

❷ 우동면을 삶는다. 삶은 우동면을 찬물에 씻고 체에 밭쳐 물기를 뺀다.

❸ 튀긴 어묵은 뜨거운 물에 데쳐 기름기를 제거한다.
  튀긴 어묵과 찐 어묵을 프라이팬에서 물과 굴소스를 넣고 살짝 조린 뒤 꼬치에 끼운다.

❹ 육수에 간장을 넣어 간을 한다.

❺ 그릇에 준비한 육수와 우동을 담고 어묵 꼬치, 어묵, 쑥갓을 올린다.

사이언스 쿠킹 포인트

건더기를 건져낸 육수를 살펴 봐. 육수 재료에서 녹아나온 색소들로 옅은 갈색이야. 그런데 녹아나온 것이 색소들뿐일까? 건져낸 건더기들을 조금씩 먹어 봐. 그리고 육수의 맛을 봐. 육수에서 건더기의 맛이 느껴지니? 어떤 맛이 느껴지고 어떤 맛은 느껴지지 않는지 말해 보렴.

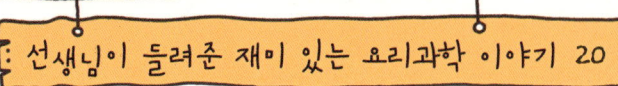

멸치 용질이 물 용매에 녹아 멸치 용액이 되다!

잔치국수를 맛있게 하려면 우선 멸치 국물을 잘 우려내야 해. 잘 우려낸 멸치 국물은 감칠맛이 나는데 그것은 멸치의 맛있는 성분이 국물에 잘 녹아 용해되었기 때문이지.

용해란 두 가지 물질이 고르게 잘 섞이는 현상으로 어떤 물질이 다른 물질에 녹는 것을 말해. 설탕이 물에 녹는 것처럼 말이야. 이때 설탕처럼 녹는 물질을 용질이라고 하고, 물처럼 다른 물질을 녹이는 물질을 용매라고 해. 그리고 두 가지 물질이 섞인 것을 용액이라고 하는데, 설탕이 물에 녹은 것은 설탕 용액, 소금이 물에 녹은 것은 소금 용액이라고 불러.

멸치를 물에 넣고 끓이면 감칠맛이 나는 이노신산이라는 성분이 녹아 나와서 물에 섞여 들어가. 다시 말해 이노신산이라는 용질이 물이라는 용매에 용해되어서(녹아서) 이노신산 용액이 되는 거지. 요리를 할 때는 이노신산 용액이라고 하지 않고 그냥 멸치 육수라고 하지만 말이야.

물론 멸치 육수라고 해서 맛이 다 같진 않아. 이노신산이 많이 우러난 멸치 육수는 진한 맛이 나고 그렇지 않은 것은 밍밍하지. 이때 용질인 이노신산이 많이 들어 있어서 진한 맛이 나는 육수는 이노신산의 농도가 높다고 말할 수 있어. 농도는 용액 속에 들어 있는 용질의 양을 이르는 말로, 진한 정도라고 이해하면 돼. 앞서 예로 든 설탕 용액으로 얘기하면, 용매인 물에 용질인 설탕이 많이 용해되어 있는 설탕 용액은 농도가 높은 설탕 용액인 거지. 이것을 보통 진한 설탕물이라고 불러. 즉, 농도가 높다는 건 용질이 많이 들어가 진하다는 것이고, 농도가 낮다는 건 용질이 적게 들어가 연하다는 것이야.

용질이 용매에 잘 용해된 용액은 용액의 모든 부분에서 농도가 같아. 이 말은 용매에 녹아든 용질이 어디나 똑같은 양이 들어 있다는 말로 당연히 맛도 같지. 그리고 용해는 고르게 잘 섞여서 그 상태가 변하지 않아. 한번 타 놓은 설탕물은 물이 증발하여 사라지지 않는 한 설탕의 농도가 일정하게 유지돼서 언제나 같은 단맛을 내

멸치 육수 내기

지. 만약 상태가 변한다면 용해라고 하지 않아. 밀가루를 물에 풀어 저으면 젓는 동안에는 하얗게 잘 섞이지만 가만히 놔 두면 밀가루는 아래로 가라앉고 위는 말간 물의 상태로 돌아가지. 이건 용해가 된 것이 아니고 그냥 섞인 거야.

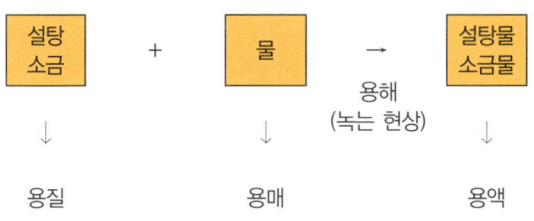

달걀말이에서 꽃게 맛이!

파래 달걀말이

|주재료|
파래 한 덩이, 달걀 7개

|양념|
다진 새우젓 1/2T, 다진 마늘 1/2t, 설탕 1/2t

|요리 방법|

① 파래는 흐르는 물에 깨끗이 씻어 물기를 꼭 짠다.
② 파래를 1센티미터 정도 길이로 자른다.
③ 볼에 달걀, 자른 파래, 설탕, 다진 마늘, 다진 새우젓을 함께 넣어 잘 섞어 준다.
④ 달군 프라이팬에 기름을 두르고 양념한 달걀물을 부어 가장자리부터 조금씩 접어 가며 달걀말이를 한다.
⑤ 완성된 달걀말이를 어슷하게 썰어서 그릇에 담아낸다.

사이언스 쿠킹 포인트

맛에는 단맛, 짠맛, 쓴맛, 신맛, 감칠맛이 있어. 달걀말이에서 느껴지는 맛과 느껴지지 않는 맛을 말해 보렴. 느껴지는 맛을 낸 조미료가 무언지 말해 보렴.

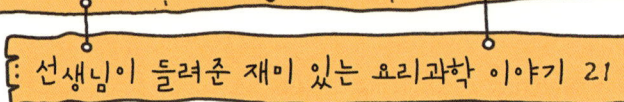
선생님이 들려준 재미 있는 요리과학 이야기 21

맛은 혀로만 느끼는 것은 아니야

파래달걀말이는 달걀말이의 주재료로 달걀과 바다의 해초인 파래를 써서 하는 요리야. 그런데 맛을 보면 마치 꽃게가 들어간 듯한 맛을 내지. 그 이유는 새우젓에 있어. 새우도 꽃게와 마찬가지로 갑각류거든. 꽃게 껍데기나 새우 껍데기나 성분이 같으니 맛도 비슷한 거지. 여기에 파래가 내는 신선한 바다 냄새가 새우젓의 맛을 꽃게 맛처럼 느끼게 만든 거야. 뿐만 아니라 새우젓에서 짠맛이, 설탕에선 단맛이, 달걀에선 감칠맛이 느껴지지. 이 모든 맛이 지나치지 않고 적당해야 우리는 맛이 있다고 느껴.

그런데 우리는 어떻게 이렇게 복잡한 맛을 느끼는 걸까? 그 답은 혀에 있어. 혀를 보면 표면에 오톨도톨한 유두들이 돋아 있어. 유두의 옆구리에는 꽃봉오리 모양의 맛봉오리가 모여 있어. 이것에서 우리가 입에 넣은 음식의 온갖 맛을 느끼는 거야. 맛봉오리가 꽃봉오리처럼 보이는 것은 맛봉오리 안에 많은 미각세포들이 꽃잎처럼 겹쳐져 있어서 그래.

그런데 맛봉오리가 맛을 느끼려면 침의 도움을 받아야 해. 사탕을 입에 넣어 봐. 사탕이 아무리 달아도 침에 녹지 않으면 단맛을 느낄 수가 없단다. 음식이 침에 녹아야 맛봉오리가 자극을 받을 수 있고 맛봉오리 안에 있는 미각 세포에 가 닿을 수 있기 때문이지. 미각 세포가 단맛의 자극을 받아들이면 미각 신경을 통해 뇌로 전달돼.

뭐? 사탕을 혀 위에 올려놓지 않고 볼 안쪽에 두었는데도 달다고? 그건 맛봉오리가 혀에만 있는 게 아니고 볼 안쪽 벽에도 있기 때문이야. 그 밖에 입천장, 후두개에도 있지.

이번엔 사탕 말고 커피 알갱이, 자두, 새우, 명란젓을 입 안에 차례로 넣어 봐. 사탕을 입 안에 넣었을 땐 단맛을 느끼겠지만 커피 알갱이는 쓴맛, 자두는 신맛,

명란젓은 짠맛, 새우는 감칠맛이 각각 느껴질 거야. 맛봉오리가 느낄 수 있는 미각은 단맛, 쓴맛, 신맛, 짠맛, 감칠맛, 이렇게 다섯 가지야. 매운 맛이 빠졌다고?

하지만 매운맛은 미각이 아니라 혀의 피부가 매운 성분 때문에 아픔을 느끼는 통각이야. 그리고 떫은맛도 마찬가지로 미각이 아니라 혀의 미각신경이 일시적으로 마비되어 일어나는 피부감각이지.

혀에는 다섯 가지 맛을 느끼는 부분이 따로 있을까? 그렇지는 않아. 혀에 있는 만 개의 맛봉오리 하나하나마다 단맛, 쓴맛, 신맛, 짠맛, 감칠맛을 느끼는 미각세포가 모두 들어 있어. 그래서 음식이 혀의 어느 위치에 놓여도 모든 맛을 다 느낄 수 있지. 다만 혀는 부위마다 맛을 느끼는 정도가 조금씩 달라서 각각의 맛을 좀 더 예민하게 받아들이거나 둔감하게 받아들이거나 하는 차이가 있을 뿐이야.

그런데 맛은 혀로만 느끼는 건 아니야. 코감기에 걸렸을 때 코가 막히는 바람에 아무 맛도 느끼지 못한 경험이 있을 거야. 또 코를 막고 사과와 양파를 먹으면 둘 다 같은 맛으로 느껴지고 말이야. 이 사실은 코로 음식의 냄새를 맡는 것이 미각에 큰 도움을 주고 있다는 증거야.

코뿐 아니라 눈도 미각에 중요한 역할을 해. 음식은 눈으로도 먹는다는 말이 있잖아? 색깔도 곱고 모양도 예쁜 음식은 보는 순간 군침이 돌면서 미각을 자극해. 반면 깜깜한 어둠 속에서 음식을 먹으면 음식 맛을 제대로 느낄 수 없지.

혀는 이렇게 맛을 느끼는 역할뿐만 아니라 음식을 섞고 이가 있는 곳으로 음식을 옮겨 잘 씹을 수 있게 해. 또 씹은 음식물을 목구멍으로 넘어가게 하지. 혀가 없다면 우린 맛도 느끼지 못하고 잘 먹을 수도 없어. 아참, 음식 말고도 중요한 혀가 하는 중요한 일이 있어. 그것은 우리가 말을 할 때 소리가 제대로 나도록 하는 것도 혀의 역할이야.

엄마와 함께 하는 쿠킹 타임

시래기 닭볶음탕

맛도 좋고 소화도 잘 되고!

|재료|

닭 900g, 시래기 450g, 당근 1/4개, 알감자 5알, 양파 1개, 대파 반 개

|시래기 양념|

된장 1T, 간장 2T, 고춧가루 1T, 다진 마늘 1T, 참기름 1T

|닭볶음탕 양념|

고추장 3T, 고춧가루 4T, 간장 3T, 매실액 2T, 다진 마늘 2T, 설탕 1T, 청주 2T, 후춧가루 약간

사이언스 쿠킹 포인트

물에 불린 시래기를 도마 위에 올려놓고 숟가락으로 결대로 살살 밀어 봐. 황록색 즙이 빠져 나간 뒤 남은 것을 살펴보렴. 마치 실 같은 것이 남았지? 이것을 뭐라고 부를까?

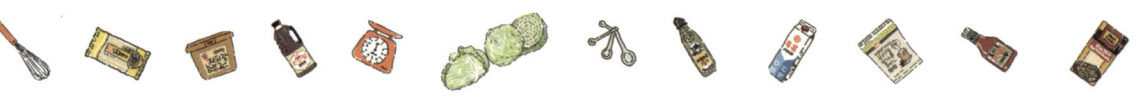

|요리 방법|

시래기 손질법

물에 씻은 시래기를 냄비에 물을 넉넉히 붓고 1시간 동안 팔팔 끓인 뒤 삶아진 시래기를 그 상태로 12시간 정도 둔다.

시래기 닭볶음탕

❶ 삶은 시래기를 깨끗이 손질해 준비한 양념 재료를 넣고 밑간해 둔다.
❷ 닭을 깨끗이 씻어 냄비에 넣고 감자, 당근, 양파, 대파, 그리고 양념을 넣는다.
❸ 재료들이 약간 잠길 정도로 물을 붓고 센불로 바글바글 끓인다.
❹ 국물이 끓어오르면 밑간해 둔 시래기를 넣고 15분 정도 더 끓인다.

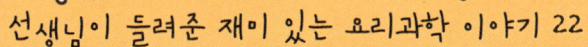

사람의 장은 초식 동물에 가까워!

우리가 먹은 음식물이 소화 기관을 지나며 소화가 되면 몸이 필요로 하는 영양소를 얻을 수 있어. 사람의 소화 기관은 입, 위, 십이지장, 작은창자, 큰창자, 항문 순으로 이루어져 있어. 그렇다면 이 각각의 소화 기관은 어떤 것들을 소화시키고 흡수할까?

입에서는 음식을 잘게 부수고 침이 나와 탄수화물의 소화를 도와. 위에서는 위액이 나와 단백질을 분해하고 강한 위산으로 음식물에 들어 있는 병균을 없애 줘. 십이지장은 위와 작은창자를 연결해 주는 통로로, 소화 효소가 분비되어 단백질과 지방의 소화를 돕지. 작은창자에서는 장액이 나와 단백질과 탄수화물을 더 잘게 분해하는데, 이곳에서 대부분의 영양소가 분해되어 몸으로 흡수되지. 큰창자에서는 소화액이 분비되지 않고 수분만 흡수해. 항문에서는 큰창자에서 만들어진 똥을 몸 밖으로 내보내지. 이렇게 소화 기관은 음식물을 아주 작게 분해해서 영양소로 만든 다음 필요한 영양소를 몸 안으로 흡수하고 필요 없는 찌꺼기는 몸 밖으로 내보내는 역할을 해.

사람은 잡식 동물이라 육식과 채식을 모두 할 수 있어. 하지만 사람의 소화 기관은 육식 동물보다 초식 동물과 비슷해. 장의 길이가 초식 동물보다는 짧지만 육식 동물에 비하면 훨씬 길다는 사실이 그 근거야.

장이 긴 만큼 소화되고 남은 찌꺼기가 장, 그 중에서도 특히 대장에 오래 머물게 돼. 그러면 찌꺼기의 독성이 대장 세포를 계속 자극해 암 같은 무서운 병이 생길 수 있어. 그걸 막으려면 채소나 곡식의 껍질에 많이 들어 있는 섬유질이 필요해. 섬유질은 대장에 머물고 있는 찌꺼기와 뒤섞여 똥의 양을 늘리고 장운동도 활발하게 해. 그래서 대장에 찌꺼기가 머물지 않고 바로 몸 밖으로 나오게 만들어. 이런 사실을 알게 되었는데도 섬유소를 챙겨 먹지 않으면 안 되겠지.

엄마와 함께 하는 쿠킹 타임

따끈하고 노릇노릇한
속알맹이가 달콤해요!

군고구마

요리 방법

1. 속이 깊은 프라이팬에 맥반석을 깐다.
2. 씻은 고구마를 넣은 다음 뚜껑을 덮는다
3. 약불에서 30분을 익힌다.
4. 고구마를 뒤집어서 30분 더 익힌다

사이언스 쿠킹 포인트

생고구마와 구운
고구마를 먹어 봐.
어떤 것이 더 달지?
생고구마를 조금
씹었을 때와 오래 씹었을 때,
어떤 것이 더 달까? 밥도
조금 씹어서 먹어 보고
오래 씹어서도 먹어 봐.
어떤 것이 더 달아?

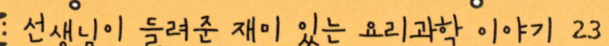

고구마의 단맛을 느끼게 하는 소화 효소, 아밀라아제

군고구마는 삶은 고구마나 찐 고구마에 비해 맛이 있어. 왜 그럴까? 삶은 고구마나 찐 고구마는 찌거나 삶는 과정에서 물이 고구마 속으로 들어가고 단맛은 고구마 밖으로 빠져 나오지만 군고구마는 물이 아닌 뜨거운 돌을 통해 굽기 때문에 물이 들어가지도 않고 단맛이 빠져나오지도 않기 때문이지.

군고구마 만들기

고구마의 주성분은 녹말인데, 이 녹말은 아무 맛도 나지 않아. 그렇다면 군고구마의 단맛은 어디에서 온 걸까? 군고구마에서 단맛이 나는 건 고구마 속에 아밀라아제(베타 아밀라아제)라는 효소가 들어 있어서야. 아밀라아제는 고구마의 주성분인 녹말을 분해해 엿당을 만드는데 이 엿당이 단맛을 느끼게 해줘. 아밀라아제가 녹말을 엿당으로 분해하기 위해서는 물과 적당한 온도가 있어야 해. 고구마를 달궈진 돌 위에서 서서히 구우면 고구마 안의 물이 바깥으로 빠져나가지 않을 뿐만 아니라 고구마 안의 온도도 아밀라아제가 활발하게 분해 작용을 하기에 알맞은 60~70도를 유지하지. 덕분에 아밀라아제가 녹말을 엿당으로 부지런히 분해해서 고구마가 달콤하게 구워지는 거야.

그렇다면 굽지 않은 생고구마에서 단맛이 나는 이유는 뭘까? 생고구마를 한 입 물고 씹으면 입안에서는 침이 나오는데 침 속에는 아밀라아제(알파 아밀라아제)가 들어 있어. 또 침은 대부분 물로 이루어져 있고 입 속의 온도는 사람의 체온과 같은 37도 정도로 아밀라아제가 활발하게 움직이기 좋은 환경을 이루지. 그래서 생고구마의 녹말이 침에 든 물과 아밀라아제에 의해 엿당으로 분해되면서 단맛을 느낄 수 있는 거야. 만일 입안에 침이 없다면 아무리 꼭꼭 씹는다고 해도 단맛을 전혀 느낄 수가 없을 거야.

여기서 드는 의문점 하나. 고구마를 구울 때와 생것을 입안에서 씹을 때 아밀라아제가 활동하는 온도가 다른 것은 왜일까? 그것은 아밀라아제의 종류가 다르기 때문이야. 고구마 속에 들어 있는 아밀라아제는 식물에만 있는 것으로 베타 아밀라아제라 하고, 침 속에 들어 있는 아밀라아제는 동물의 몸에서 나오는 걸로 알파 아밀라아제라고 하지. 분해 작용을 하는 온도는 다르지만 둘 다 녹말을 당으로 분해하는 효소인 아밀라아제야.

효소란 무얼까?

효소란 동물이나 식물의 몸 안에서 만들어지는 단백질인데 생물체의 몸 안에서 화학 반응이 일어날 수 있도록 돕는 역할을 해. 아밀라아제는 녹말을 분해해 영양분을 흡수하도록 해주는 소화 효소야. 그런데 우리가 먹는 음식물은 녹말뿐만 아니라 고기처럼 단백질과 지방으로 이뤄진 것도 있어. 단백질을 분해하는 효소는 펩신으로 위에서 분비되고, 지방을 분해하는 효소는 리파아제로 이자에서 분비되지. 이렇게 각 성분을 분해하는 효소도 다르고 분비되는 장소도 다르단다.

엄마와 함께 하는 쿠킹 타임

복숭아 피클

피자에도 치킨에도 잘 어울리는 피클

|재료|

천도복숭아 20개, 물 1400ml(7컵), 식초 1000ml(5컵),
설탕 600ml(3컵), 통후추 3T,
굵은 소금 2+1/2T, 정향·계피·월계수잎 각각 한 줌씩

> **사이언스 쿠킹 포인트**
>
> 깨끗한 유리병 두 개를 준비해. 하나는 뜨거운 물로 소독해서 뚜껑을 덮고, 다른 하나는 그냥 뚜껑을 덮어 책상에 올려놓아. 그리고 며칠 후 병 속에 어떤 변화가 있는지 확인해 봐.

|요리 방법|

❶ 천도복숭아를 흐르는 물에 깨끗이 씻어 채반에 밭쳐 놓는다.

❷ 천도복숭아의 물기가 마르면 적당한 크기로 썬다.

❸ 냄비에 물, 식초, 설탕, 통후추, 굵은소금, 정향, 계피, 월계수잎을 넣고 끓여 피클물을 만든다.

❹ 찬물이 든 냄비에 유리병을 넣고 팔팔 끓여 열탕 소독한 뒤 물기를 말린다.

❺ 유리병에 썰어 놓은 천도복숭아를 담고 뜨거운 상태의 피클물을 붓는다.

❻ 잘 밀봉하고 3일이 지난 뒤 피클 국물만 따라내어 다시 한 번 끓이고 식혀서 복숭아가 든 유리병에 다시 붓는다.

❼ 실온에 두었다가 숙성이 되면 냉장고에 두고 먹는다.

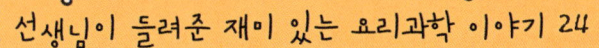
선생님이 들려준 재미있는 요리과학 이야기 24

보이지 않지만 또 다른 지구의 주인, 미생물

피클을 담을 그릇을 뜨거운 물에 소독하는 것은 병에 있을지 모르는 미생물을 없애기 위해서야. 미생물이 남아 있으면 피클이 상할 수도 있거든.

미생물이란 말 그대로 아주 작아서 눈으로 볼 수 없는 생물이야. 아주 작지만 인간이 지구에 나타나기 훨씬 전부터 지구에서 살아 왔고 지금도 지구의 모든 곳에 살고 있어. 심지어는 어떤 동식물도 살 수 없는 깊은 바다나 영하 수십 도로 내려가는 남극의 얼음 벌판에도 살고 있고, 금속도 녹이는 황산 속에서도 살고 있으며, 우리 몸속에도 아주 많이 살고 있어. 우리 몸에는 우리 몸을 이루는 세포 수보다 열 배나 많은 미생물이 살고 있단다. 우리 몸 자체가 미생물 덩어리라 해도 지나친 말이 아닐 정도로 말이야. 미생물은 크게 세균, 고세균, 효모, 곰팡이로 나눌 수 있지.

그중 세균 하면 우리 몸을 병들게 하는 것으로 알고 있는데, 그렇지 않은 세균도 있어. 유산균은 우리 몸의 장 속에서 나쁜 균이 번식하는 것을 막아 주지. 또 우유를 발효시켜 새콤한 요구르트도 만들고, 피자에서 빠지면 안 되는 맛있는 치즈도 만들어. 물론 김치를 맛있게 익히는 일도 하고 말이야.

고세균은 온도와 압력이 아주 높은 곳이나 생명에게 치명적인 가스가 생기는 곳에서도 잘 살아. 그래서 처리가 어려운 독한 폐기물 등을 먹어치우게 만들어서 환경을 정화하기도 해. 또 집의 이곳저곳을 더럽히고 호흡기에 나쁜 영향을 미치는 곰팡이도 어떤 종류는 사람을 병에서 구하기도 해. 병균을 죽여서 질병을 치료하는 페니실린이란 항생제는 푸른곰팡이에서 뽑아낸 물질이지. 효모는 밀가루 반죽을 발효시켜 부풀게 함으로써 부드럽고 맛있는 빵을 만드는 역할을 해.

이렇듯 미생물은 우리 눈에 보이지 않지만 중요한 역할을 하고 있단다.

엄마와 함께 하는 쿠킹 타임

말랑말랑 구수한 효모의 선물

술빵

|재료|

밀가루 1kg, 막걸리 600ml, 우유 2컵, 설탕 20T,
소금 약간, 달걀 4개, 크랜베리,
완두콩, 건포도, 블루베리, 각종 견과류

사이언스 쿠킹 포인트

따뜻한 곳에 놓아두었더니
반죽이 부풀어 오르고 기포도 생겼어.
뽑기를 만들 때 베이킹 소다를 넣자
부풀어 올랐던 것 기억나니?
그렇다면 막걸리를 넣은 반죽을
부풀게 만든 것은 무얼까?

|요리 방법|

❶ 밀가루를 체로 친다.

❷ 적당한 크기의 볼에 막걸리 등 준비한 재료를 모두 넣고 잘 섞어 반죽을 걸쭉하게 만든다.

❸ 잘 섞은 반죽을 랩으로 씌워 전기장판 위에 놓고 이불을 덮어 발효시킨다.
(6시간 동안 1차 발효가 되면 주걱으로 저어 공기를 빼 주고 크랜베리 등의 건더기 재료를 넣은 뒤 2시간 동안 2차 발효를 시킨다.)

❹ 반죽을 1인분 크기의 작고 예쁜 그릇에 담아 찜기에 넣고 찐다.

❺ 김이 한소끔 오르면 꺼내서 예쁘게 담아 낸다.

선생님이 들려준 재미 있는 요리과학 이야기 25

미생물이 보여주는 고마운 마술!

미생물은 자신이 가진 효소를 써서 유기물을 다른 성질을 가진 유기물로 바꿔. 여기서 유기물이란 생명을 가진 물질이나 그 물질에서 나온 것을 말해. 한마디로 동식물을 이루고 있거나 동식물의 생명 활동 중에 만들어지는 탄수화물, 단백질, 지방 등이지. 이것들은 공통적으로 수소, 산소, 탄소로 이루어져 있어. 미생물이 이런 유기물을 변하게 하는 방식에는 부패와 발효가 있어. 부패나 발효 둘 다 미생물이 유기물을 분해하는 현상이지만, 부패는 썩어서 인간에게 좋지 않은 상태로 만드는 것이고, 발효는 인간이 먹을 수 있는 상태로 만드는 것이야.

치즈

옛날부터 인간은 미생물에 의한 발효를 통해 식재료를 더욱 맛있고 영양가 높고 보관하기도 좋은 것으로 만들어 왔어. 유산균을 통해 우유를 발효시켜 요구르트나 치즈로 만들었고, 김치도 유산균 발효를 통해 감칠맛이 나도록 했지. 과일이나 곡물에 누룩균을 넣어서 막걸리, 맥주, 포도주를 빚기도 했고 말이야. 콩을 곰팡이균으로 발효시켜 된장이나 청국장을 만들었고, 젓갈도 미생물의 발효를 통해 만들었어.

이렇게 발효를 통해 만든 발효 식품은 소화도 더 잘 되고 영양소도 풍부해지며, 오래도록 보관하기도 좋아. 그런데 무엇보다 발효를 통해 만들어진 식품은 단백질이 아미노산으로 바뀌면서 감칠맛이 생겨 더욱 맛있지.

음식 재료를 맛도 좋고 건강에도 좋은 것으로 만드는 발효야말로 자연이 인간에게 보여 주는 신기하고 고마운 마술이 아닐까?

26. 삼투압
마리, 소금물 통에서 죽어 가다

엄마와 함께 하는 쿠킹 타임

사이언스 쿠킹 포인트

절이기 전의 양배추와 절인 뒤의 양배추를 비교해 봐. 어떤 것이 탱탱하고 어떤 것이 쭈글쭈글하니? 보통 무엇이 빠져나가면 쭈글쭈글해지잖아? 바람이 빠져나간 풍선처럼 말이지. 절인 양배추에서는 무엇이 빠져나갔을까?

새콤달콤 아삭한 맛!

양배추 김치

|재료|

양배추 큰 것 한 통(약 2kg), 무 1/3개, 실파 한 줌, 양파 1개, 노랑 파프리카와 빨강 파프리카 약간씩, 마늘 16알(2T), 사과 작은 것 3개, 멸치액젓 1/4컵, 까나리액젓 1/4컵, 생강 한 조각(1t), 설탕 1T, 고춧가루 1/2컵, 고운 소금 약간, 양배추를 절이기 위한 굵은 소금 1/3컵

|요리 방법|

❶ 양배추는 먹기 좋은 크기(3cm×4cm)로 썬다.
    썬 양배추에 굵은 소금을 뿌리고 물을 살짝 넣은 뒤 30분 정도 절인다.
❷ 무는 나박썰기를 해서 따로 절인다.
❸ 절인 양배추를 흐르는 물에 씻어서 소쿠리에 담아 물기를 뺀다.
❹ 자른 사과, 양파, 마늘, 생강, 액젓을 믹서기에 넣고 간다. 간 양념 국물에 고춧가루를 넣고 불린다.
❺ 파프리카는 3센티미터 길이로 채썰고 쪽파도 같은 길이로 썬다.
❻ 큰 양푼에 물기를 뺀 양배추와 무, 양념 국물을 넣어 버무리다가
    마지막에 파프리카와 쪽파를 넣고 섞어 준다.

선생님이 들려준 재미있는 요리과학 이야기 26

양배추를 소금에 절이면 숨이 죽는 현상, 삼투압

양배추김치를 만들 때 맨 처음 해야 하는 일은 양배추를 소금물에 절이는 거야. 양배추를 소금물에 절이면 빳빳했던 잎과 줄기가 부드러워지는데 이것을 숨이 죽는다고 해. 숨이 죽지 않으면 빳빳한 양배추와 양념이 따로 노는 데다 양배추에서 물까지 배어나서 김치가 싱겁고 맛이 없게 돼. 적당히 숨이 죽어야만 부드러워진 양배추에 양념이 골고루 잘 묻어 맛있는 양배추김치가 만들어지지. 이렇게 양배추를 절이는 과정에는 삼투 현상이라는 재미있는 과학 원리가 숨어 있어.

삼투 현상이란 농도가 다른 두 액체를 반투막으로 막아 놓으면 양쪽의 농도가 같아지기 위해서 농도가 낮은 쪽에서 농도가 높은 쪽으로 용매가 이동하는 현상이야. 여기서 반투막이란 아주 작은 구멍이 있는 막으로, 물처럼 구멍보다 작은 분자는 통과시키지만 소금처럼 구멍보다 큰 분자는 통과시키지 않는 성질이 있어. 양배추의 세포를 감싸고 있는 세포막도 반투막으로 되어 있어. 세포는 대부분 물로 채워져 있는데 용질의 농도가 아주 낮지. 양배추를 농도가 높은 소금물에 담그면 삼투 현상에 의해 양배추 세포 안에 있던 물이 소금물이 있는 바깥으로 빠져 나와. 세포 안에 가득 찬 물의 힘으로 빳빳했던 양배추 잎이 물이 빠져나가니까 마치 바람 빠진 풍선처럼 쪼그라들어 나긋나긋해지지. 삼투 현상에 의해 양배추가 숨이 죽은 거야. 이때 농도가 낮은 쪽에서 농도가 높은 쪽으로 용매인 물이 이동하려 반투막을 미는 압력을 삼투압이라고 해.

여기서 의문점 하나! 양배추 속의 물만 빠져나가고 소금이 양배추 속으로 들어오지 못한다고 했는데 절여진 양배추에서 짠맛이 나는 이유는 무얼까? 그건 양배추를 소금물에 담가 두는 동안 양배추의 반투막이 파괴되었기 때문이야. 반투막이 망가지면 그 틈을 타고 소금이 배추의 세포 속으로 들어갈 수가 있거든.

그래서 계속 양배추를 소금물에 담가 놓으면 세포 속의 물은 계속 빠져 나가 아삭한 맛이 없어지고, 배추의 세포 속으로 많은 소금이 들어가 너무 짜고 시들시들해져. 그래서 손으로 만져 보았을 때 부드러우면서도 탄력이 남아 있는 상태일 때 소금물에서 건져내야만 아삭하면서도 양념이 잘 밴 양배추김치를 만들 수 있단다.

실생활에서 볼 수 있는 삼투 현상의 예

삼투 현상은 우리 생활 곳곳에서 나타나. 목욕탕에 몸을 담그고 있으면 손바닥이 쪼글쪼글해지는 걸 볼 수 있어. 이것은 농도가 낮은 목욕탕 물이 농도가 높은 우리 몸의 세포 속으로 들어가서 세포가 부풀어 올라서 울퉁불퉁해지기 때문이야.

식물의 뿌리가 흙 속의 물을 흡수하는 것도 농도가 낮은 흙속의 물이 농도가 높은 식물의 뿌리 세포로 이동하는 삼투 현상이지. 그리고 선인장을 심은 흙에 비료를 너무 많이 주면 흙 속의 물의 농도가 높아져 선인장 뿌리 세포에 든 물이 빠져 나와 말라죽을 수도 있어.

장아찌처럼 오래 두고 먹을 수 있는 음식을 만드는 데도 삼투 현상이 이용되지. 채소를 소금물에 담가 두면 채소 세포에 들어 있는 물이 빠져 나와. 그러면 채소를 썩게 만드는 미생물이 살아가는 데 필요한 물이 부족해져서 활동하지 못하게 돼. 그래서 미생물에 의한 부패를 막아 채소를 오래 보관할 수 있지.

매실 원액을 만드는 것도 삼투 현상을 이용하는 거야. 매실을 설탕에 묻어 두면 농도가 낮은 매실 속의 즙이 농도가 높은 설탕 쪽으로 흘러 나와서 매실 원액이 돼. 물이 빠진 매실은 배추가 숨이 죽듯 쪼글쪼글해지고 말이야.

세상엔 삼투 현상이 정말 많기도 많구나!

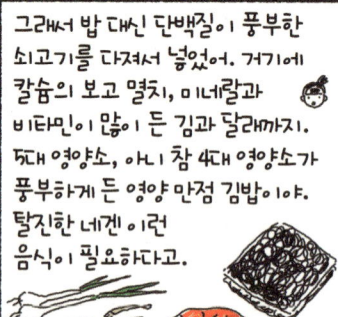

엄마와 함께 하는 쿠킹 타임

멜김밥

칼슘의 보고 멸치가 김밥에 쏙쏙!

|주재료|
김 10장, 밥 10인분, 생멸치 300g

|부재료|
달래 1단, 단무지 10개, 당근 1/2개

김밥 속 멸치조림 양념 재료
물 50ml, 간장 50ml, 설탕 5T, 청양고추 2개

김밥 속 달래무침 재료
간장 1T, 설탕 1/2T

초밥 만들기
식초, 설탕, 소금을 5 : 3 : 1의 비율로 섞은 배합초를 밥에 넣어 섞어 준다.

|요리 방법|
① 생멸치를 손질해 준비된 재료를 넣고 조린다.
② 밥에 배합초를 넣고 초밥을 만든다.
③ 달래를 손질해 무치고 당근은 채 썰어 볶아둔다.
④ 김 위에 초밥을 얇게 펴고 멸치조림과 달래무침, 당근, 단무지를 가지런히 놓은 다음 멜김밥을 둥글게 만다.

사이언스 쿠킹 포인트
김밥 재료를 따로따로 먹어 봐. 그리고 김밥을 먹어 봐. 어떤 것이 맛있어? 골고루 먹는다는 것은 몸에도 좋지만 맛도 좋아.

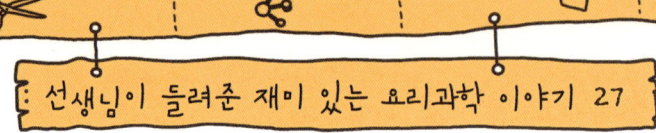

멜김밥 속에 든 5대 영양소를 찾아라!

이번엔 멜김밥을 만들었어. 초봄 제주도에선 멜이란 생선이 나오는데, 멜은 멸치의 다른 이름이야. 멸치는 칼슘이 많아서 뼈를 튼튼하게 하는 생선으로 잘 알려져 있지. 그 외에도 머리를 좋게 만들어 주는 EPA, DHA 등의 불포화지방산과 여러 가지 무기질도 풍부한 아주 훌륭한 음식 재료란다. 여기다 봄나물 중 매콤하면서도 상큼한 맛을 내며 비타민이 풍부한 달래를 함께 넣었어. 이것은 밥이나 생선에 없는 비타민C를 보충하기 위해서이기도 하지만, 멜김밥을 더욱 맛있게 하기 위해서야. 이런 멜김밥의 가장 훌륭한 점은 5대 영양소가 골고루 들어가 있다는 거야. 5대 영양소는 우리가 건강하게 살기 위해서 필요한 다섯 가지 필수 영양 성분으로 단백질, 탄수화물, 지방, 비타민, 미네랄이 그것이야.

멜김밥은 우리 몸에 필요한 각종 영양 성분이 골고루 들어 있어. 일단 밥에는 탄수화물, 지방, 단백질 등이 들어 있어. 그런데 질 좋은 지방과 단백질은 부족하고 비타민이나 미네랄도 충분치 않아. 그래서 질 좋은 지방과 단백질이 풍부한 데다 칼슘까지 많은 멸치를 넣어서 밥에 부족한 영양소를 보충해 주지. 그리고 달래는 각종 비타민이 풍부해서 쌀과 멸치에 부족한 영양분을 채워 준단다.

단백질

단백질은 물과 함께 우리 몸을 구성하는 가장 중요한 요소야. 몸의 형태를 유지하고 움직이게 하는 근육도 대부분 단백질로 이루어져 있지. 또 생명을 유지시키는 활동을 돕고 질병을 막아 주는 수많은 효소도 단백질로 이루어져 있어. 단백질은 주로 육류나 생선, 달걀, 우유, 콩 등에 많이 들어 있어.

탄수화물

탄수화물은 우리가 몸을 움직이고 체온을 유지하는 데 필요한 에너지를 공급해 주는 영양 성분이야. 탄소와 수소가 결합되어 만들어졌다 해서 탄수화물이라 하는데, 당류 또는 당질이라고도 불러. 탄수화물은 쌀, 밀, 보리, 고구마, 감자, 옥수수 등을 통해서 섭취할 수 있어.

지방

지방은 지질이라고도 하는데 우리가 잘 알고 있는 기름이 그것이지. 이것 역시 우리 몸을 움직이게 하는 에너지원이야. 지방은 탄수화물이나 단백질보다 두 배가 넘는 에너지를 만들어 내는 아주 훌륭한 에너지원이야. 주로 우리가 먹는 고기에 들어 있는데 콩이나 견과류 등의 식물에도 많이 들어 있지.

미네랄

미네랄은 무기질이라고도 불리는데, 우리 몸을 구성하는 탄소, 수소, 산소, 질소를 제외한 칼슘, 인, 칼륨, 황, 나트륨, 염소, 마그네슘 등이 그것이야. 칼슘, 인, 마그네슘은 뼈와 이를 이루는 성분이고, 나트륨이나 칼륨은 피와 체액의 수분 농도를 일정하게 유지하는 데 필요한 성분이지. 또 신경을 통해 외부의 자극을 전해 주는 역할도 하지. 채소나 해산물에 많이 들어 있어.

비타민

비타민은 우리 몸에서 아주 적은 양만 필요하지만 없어서는 안 되는 중요한 영양 성분이야. 우리 몸에 들어온 음식물을 몸에 맞게 합성하고 분해하는 역할을 하고 몸의 여러 기능을 조절하는 일도 하지. 비타민은 대부분 우리 몸에서 만들어지지 않기 때문에 각종 채소나 과일 등의 식품을 통해서 섭취해야만 해.

28. 당과 콜라겐

마지막 대결

더 이상 미루면 안 되겠어.

사령관님, 어쩌다 그렇게 다치신 거예요?

똥개 녀석과 대결하다 이렇게 됐다. 똥개 녀석의 몸도 60퍼센트 이상 파괴되었으니 한동안 움직이지 못할 거야.

이제 더 이상 미룰 시간이 없다. 똥개가 우리 조미료를 가져갔으니 우리의 계획을 인간들이 아는 것은 시간 문제야.

그럼 이제 어쩌죠?

네 앞에 있는 버튼을 눌러라. 그러면 전 세계 안드로메다 지점에 콜라겐을 파괴하는 독가루의 조제법이 전달된다. 그러면 조미료 자동 제조기에서 독가루가 만들어져 음식에 들어가지.

콜라겐 파괴 독가루라뇨?

콜라겐은 인체 조직을 단단히 묶어 주는 역할을 하는 단백질이다. 콜라겐이 파괴되면 사람의 몸은 태양 아래 눈사람처럼 무너지지.

마요네즈는 전 세계에 방송되는 텔레비전으로 오늘 하루 안드로메다 음식이 무료라고 홍보하고 있다. 공짜라는데 마다할 인간은 없을 것이다. 한 번에 끝내 버리는 거야.

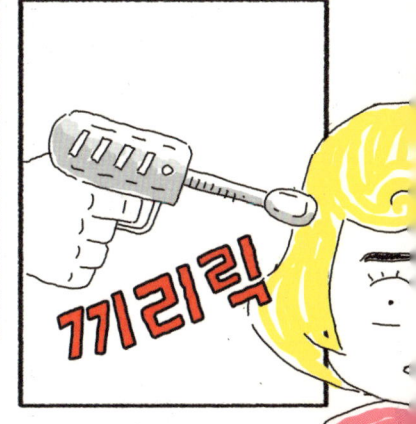

돼지불고기

고기반찬의 대표 선수

|재료|

돼지고기 600g, 간장 4+1/2T, 청주 4T, 설탕 1T,
다진 생강 1/4T, 참기름 1T, 후춧가루 1/2T, 다진 마늘 1T,
배 1/2개, 매실액 1T, 양파 1/2개, 대파 반 개

|요리 방법|

1. 돼지고기에 청주와 후춧가루를 넣고 먼저 버무려 누린내를 제거한다.
2. 돼지고기를 부드럽게 하기 위해 설탕과 배즙에 재워 놓는다.
3. 나머지 양념을 넣고 잘 버무린 다음 냉장고에서 하루 정도 숙성시킨다.
4. 돼지고기를 프라이팬에 볶는다.

사이언스 쿠킹 포인트

불고기를 먹기 전 자세히 살펴 봐. 고기와 비계가 눈에 들어오지. 좀 더 자세히 살펴 봐. 고기의 결 사이로 반투명한 힘줄 같은 게 보일 거야. 고기도 아니고 비계도 아닌 그건 뭘까?

선생님이 들려준 재미 있는 요리과학 이야기 28

달콤하지만 너무 많이 먹으면 안 좋은 당

당은 한마디로 물에 녹아 단맛을 내는 물질이야. 단맛 하면 가장 먼저 생각나는 설탕도 당이고, 탄수화물이 우리 몸속에서 분해되어 만들어지는 포도당도 당이며, 과일에 들어 있는 과당도 당이야. 여기서 포도당은 밥이나 빵 등에 많이 들어 있는 탄수화물이 분해된 것이야. 포도당은 우리 몸을 움직이는 중요한 에너지원이지.

설탕은 자당이라고도 해. 포도당 분자와 과당 분자가 합쳐진 거지. 보통 사탕수수의 즙을 정제해서 만들어. 설탕은 단맛을 내기 위해서 가장 많이 쓰이는 조미료야. 그런데 음식을 달게 할 뿐만 아니라 고기의 주성분인 단백질을 부드럽게 하고 윤기를 내기 위해서도 많이 쓰여.

하지만 달고 맛있다고 해서 설탕을 많이 먹는 것은 좋지 않아. 몸에 흡수된 설탕은 포도당과 과당으로 분해되어 에너지원으로 쓰여. 그런데 너무 많이 먹어 남아돌면 문제야. 중성 지방이 되어 우리 몸에 쌓이거든. 중성 지방은 비만과 고혈압, 당뇨 등의 질병을 일으키지. 탄산음료나 과자 등에 아주 많은 설탕이 들어 있으니 조심해야 해.

사탕수수 즙을 짜는 장면

동물의 조직을 묶어 주는 접착제, 콜라겐

콜라겐은 동물의 조직들을 단단히 묶어 주는 역할을 하는 단백질이야. 동물이 일정한 모양의 몸뚱이를 유지하는 것은 이 콜라겐이 조직을 단단히 잡아 주기 때문이야. 콜라겐은 우리가 먹는 고기에 많이 들어 있어.

물이 없는 상태에서 콜라겐에 열을 가하면 부피가 30퍼센트 정도로 줄어들면서 아주 질겨져. 그러나 물에 넣고 끓이면 그런 일이 벌어지지 않지. 그래서 콜라겐이 많은 목심이나 사태 등은 굽지 말고 물에 넣고 삶아 수육으로 만들면 부드럽고 맛있게 먹을 수 있어.

또 콜라겐을 물에 넣고 삶으면 젤라틴이 되는데, 이 젤라틴으로 우리가 즐겨 먹는 젤리를 만든단다.

콜라겐이 많이 들어 있는 족발

아삭한 식감이 별미

콩나물 잡채

|재료|

콩나물 2봉지(600g), 노랑 파프리카 1개, 빨간 파프리카 1개, 목이버섯 1봉지,
당근 2개, 팽이버섯 1봉지, 시금치 1/2단, 각얼음 1판,
당면 200g, 양파 2개, 설탕 8T, 참기름 2T, 간장 10T

콩나물 밑간 : 참기름 약간, 소금 약간
시금치 밑간 : 참기름 약간, 소금 약간

사이언스 쿠킹 포인트

손질된 재료들로 쟁반 위에
알록달록한 봄 동산을 꾸며 봐.
우리가 매일 보는 세상에 얼마나
많은 색깔의 식물들이 있는지
생각해 보렴.

|요리 방법|

❶ 콩나물을 대가리와 뿌리를 떼고
  8분 동안 쪄서 얼음물에 담가 놓는다.

❷ 당근과 양파를 5센티미터 정도의
  길이로 채썬다.

❸ 목이버섯은 미지근한 물에 불려
  먹기 좋은 크기로 뜯어 놓는다.

❹ 팽이버섯은 살짝 데친 뒤
  가닥가닥 찢어 놓는다.

❺ 콩나물을 체에 건져 물기를 빼고
  밑간을 해 둔다.

❻ 시금치는 데쳐서 밑간을 해 둔다.

❼ 달군 프라이팬에 식용유를 두르고
  채소와 버섯에 고운 소금을
  약간 넣어서 볶는다.

❽ 당면을 삶아 간장과 설탕 양념을 해 둔다.

❾ 큰 볼에 손질하고 밑간해 둔
  모든 재료를 넣어 섞어 준 뒤
  참기름과 통깨를 뿌린다.

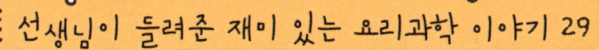
선생님이 들려준 재미있는 요리과학 이야기 29

식물의 색깔, 단지 예쁘라고 있는 게 아냐!

식물은 뿌리나 잎, 열매 등에서 화학 물질을 만들어. 자신을 해치는 곤충이나 박테리아, 곰팡이 등을 물리치고, 경쟁 상대인 다른 식물이 자라는 것을 막기 위해서지. 이 물질들은 각기 독특한 색깔을 띠고 있어. 식물이 자신을 지키기 위해서 만드는 화학 물질을 피토케미컬이라고 해. 이걸 사람이 먹으면 질병에 대한 면역력을 길러 줘서 건강을 유지하는 데 많은 도움이 된단다.

당근이나 호박 등의 주황색 채소에는 베타카로틴이란 노란 색소가 들어 있어. 베타카로틴이 몸에 흡수되면 비타민A로 변해서 항산화 작용을 해. 그럼으로써 노화를 막고 면역력을 길러 주며 암을 이기는 힘을 주지.

토마토, 수박, 딸기, 자두 등의 붉은색 채소나 과일에는 리코펜이란 성분이 들어 있어. 리코펜은 항산화와 항암 작용을 하며 심장병과 고혈압에도 좋다고 해.

또 블루베리, 가지, 검은콩 같은 검은색 채소에는 안토시아닌이 들어 있어. 이것은 심혈관에 생기는 질병을 예방하는 데 도움을 주지.

브로콜리나 냉이 같은 녹색 채소에는 인돌이란 성분이 들어 있어. 이것은 피에 찌꺼기가 생기는 것을 막고 공해 물질을 해독해 줘.

이 외에도 마늘, 양파, 버섯 같은 하얀색 채소에는 혈액 속의 콜레스테롤을 줄여서 피를 맑게 해 주는 성분이 들어 있단다.

우리나라 사람들은 과학적으로 식물 색소의 기능이 밝혀지기 훨씬 전인 옛날부터 음식이 가진 색깔을 중요하게 여겼어. 그래서 잔치국수나 비빔밥에도 청색, 적색, 황색, 백색, 흑색 이렇게 다섯 가지 색깔의 고명을 올렸어. 이 다섯 가지 색깔을 오방색이라고 해. 그런데 이것은 단지 보기 좋게 꾸미려고 올리는 게 아니야. 다섯 가지 색깔이 우리 몸의 다섯 장기에 각각 영향을 미치므로 건강을 위해서는 골고루 음식을 섭취해야 한다고 생각한 거지.

엄마와 함께 하는 쿠킹 타임

우렁 색시가 차린 건강 밥상의 꽃!

우렁 강된장

|재료|

우렁살 100g, 멸치 다시마 육수 1/2컵, 두부 50g, 양파 1/8개, 대파 1/3대, 마른 표고버섯 불린 것 3개, 청양고추 1/2개, 된장 2T+1/2T, 고추장 1/2T, 당근 1/8개, 소금 약간, 고춧가루 1/2T, 다진 마늘 1/2T, 매실액 1T, 참기름 적당량

|요리 방법|

1. 우렁에 밀가루를 넣고 살살 문질러 씻어 물기를 빼 놓는다.
2. 뚝배기에 다진 양파, 다진 당근, 다진 청양고추, 표고버섯을 넣고 참기름에 살짝 볶는다.
3. 2번에 된장, 고추장, 고춧가루, 소금, 다진 마늘을 섞은 된장양념과 육수를 넣어 끓인다.
4. 3번에 으깬 두부를 넣는다.
5. 4번에 우렁살을 넣고 자작자작 끓이다가 마지막에 송송 썬 대파를 넣는다.

사이언스 쿠킹 포인트

(엄마 아빠와 함께 시장을 보면서) 식재료가 어디서 온 것인지 원산지 표시를 살펴 봐. 국산인 경우 어디서 온 것인지 상인들에게 "아줌마(또는 아저씨), 이거 어디서 온 거예요?" 하고 물어 보렴.

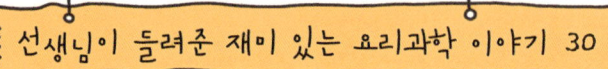
선생님이 들려준 재미있는 요리과학 이야기 30

사람을 살리는 좋은 음식,
사람을 죽이는 나쁜 음식

좋은 음식이란 재료의 맛과 형태를 잘 유지하고 있는 음식이야. 좋은 음식을 만들기 위해서는 좋은 식재료를 써야 하는데, 로컬 푸드와 슬로 푸드가 대표적인 예이지.

첫 번째로, 로컬 푸드란 자기가 사는 지역을 중심으로 50킬로미터 안에서 생산된 농산물을 말해. 자기가 사는 지역에서 멀지 않은 곳에서 생산된 농산물이기 때문에 농산물을 실어 보내는 거리도 짧아지지. 농산물이 이동하는 거리가 짧아지니 농민은 농산물을 소비자에게 실어 보낼 때 드는 운송비나 중간에 거쳐 가는 상인에게 주는 비용을 절약할 수 있어서 이익이지.

소비자는 수확한 지 오래 되지 않은 신선한 농산물을 먹을 수 있어. 또 누가 어떻게 생산한 농산물인지 알 수 있어서 좀 더 안전한 것을 고를 수 있지. 사람의 몸에 안 좋은 영향을 줄 수도 있고 생태계의 질서도 어지럽히는 유전자 재조합 식품인지도 금방 알 수 있어.

로컬 푸드에 반해 우리가 사는 곳에서 멀리 떨어진 외국에서 수입하는 농산물은 신선하거나 안전한 먹거리가 아니야. 예를 들면 칠레산 포도는 우리나라에서 2만 480킬로미터나 떨어진 곳에서 오기 때문에 우리나라까지 오는 동안 신선도가 떨어지는 걸 막기 위해 농약이나 광택제 같은 걸 쓰지. 그런 농산물이 몸에 해로운 건 뻔한 일이야. 생활협동조합이나 농산물 직거

레 장터 같은 곳에서 파는 농산물들은 로컬 푸드에 해당하니까 안전하고 신선한 먹거리라고 할 수 있지.

두 번째로, 슬로푸드란 천천히 시간을 들여서 만든 음식을 말해. 슬로푸드와 상반된 음식은 패스트푸드라고 하지. 슬로푸드는 패스트푸드가 가진 문제점을 해결하기 위한 음식 문화 운동이라고 할 수 있어.

패스트푸드는 조리 과정이 간단하고 가격이 저렴한 데다가 빠른 시간 안에 먹을 수 있어서 바쁜 현대인에게 인기를 끌어 왔어. 또 자극적인 맛으로 사람들의 입맛을 쉽게 사로잡았지.

그런데 패스트푸드는 열량이 높고 지방과 소금이 지나치게 많이 들어 있어서 건강에 해로워. 영양 성분도 다양하지 않고 말이지. 또한 많은 양을 한꺼번에 생산하기 위해 맛을 표준화시켰어. 언제 누가 만들어도 똑같은 맛을 내기 위해서지. 그 결과 패스트푸드로 사람들의 입맛이 길들여졌어. 그러다 보니 각 나라, 각 지역마다 전통적으로 이어온 다양한 맛의 음식들이 사라질 위기에 처하게 된 거야.

패스트푸드의 대표적인 음식으로는 햄버거, 피자, 닭튀김, 도넛, 컵라면 등이 있어. 패스트푸드의 위험성을 알리기 위해 패스트푸드만 매끼 식사를 해본 사람들이 있었어. 결과는 몸이 아주 안 좋아졌지.

슬로푸드의 대표적인 음식으로는 우리나라 전통 장을 들 수 있어. 된장, 고추장, 간장 같은 것 말이야. 이것들은 오랫동안 발효를 거쳐 만들어져서 몸에 좋은 미생물이 아주 많이 들어 있어.

건강을 위해서는 어떤 것을 선택해야 할지 분명하지. 그러나 맛있는 걸 포기할 수 없다고? 그런데 그런 생각이 결국 모든 맛있는 걸 포기하게 만들 거야.

무슨 말이냐 하면, 몇 가지 자극적인 맛에만 길들여지면 다른 음식을 먹을 때 그 맛을 제대로 느낄 수 없어. 세상은 넓고 맛있는 음식도 아주 많아. 그런데 그 맛을 제대로 느낄 수 없다면 어떨 것 같아? 행복할까?